지금 이대로 있는 그대로

채소 생활자

김아영 지음

수작걸다

목차

봄,

봄의 시금치에서 엄마 뒷모습이 생각나 • 034 | 꽃샘추위가 기승을 부리던 날의 포근한 맛 • 048
진흙 속에서 피어나는 삶을 지탱하는 뿌리 • 062 | 잎사귀마다 설렘 가득, 연둣빛 숨바꼭질 • 078

시금치

북인도 시금치커리와 터머릭라이스 • 036
엄마표 시금치나물 • 038
시금치양송이버섯볶음 • 042
시금치프리타타 • 044

양배추

코울슬로 • 050
미니 양배추 미소된장볶음 • 052
양배추해독수프 • 054
연근너깃 캐비지롤 • 058

미나리

얼큰 미나리버섯전골 • 064
미나리표고버섯전 • 068
미나리템페 캐슈너트볶음밥 • 070
미나리무말랭이초무침 • 072

취나물

취나물고사리 들깨파스타 • 080
취나물콩가루된장국 • 084
취나물페스토 쇼트파스타 • 086
호두쌈장을 올린 통들깨취나물초밥 • 088

채소생활자의 주방 비건 버터 • 276 | 비건 마요네즈 • 277 | 비건 굴소스 • 278
비건 쯔유 • 279 | 미소된장 • 280 | 매실청 • 281
즐겨쓰는 향신료 • 282

여름,

뜨거운 낮, 포슬포슬한 감자 한입 • 096 | 여름의 열기를 식혀주는 상쾌한 단맛 • 110
볕 아래 묵묵히 자라난 보랏빛 세상 • 126 | 은은한 단맛에 미소가 번지다 • 140

감자

알루마살라 [드라이 감자커리] • 098
감자크로켓 & 딜타르타르소스 • 102
감자표고버섯 들깨고추장찜 • 106
브로콜리감자샐러드 • 108

토마토

라구소스와 라따뚜이 • 112
보리바질페스토와 연두부카프레제 • 116
타불레 쿠스쿠스샐러드 • 118
토마토솥밥 & 달래들기름장 • 120

가지

마리네이드 가지부르스게타 • 128
바바가누쉬 [중동식 가지딥스] • 132
어향가지스타일 가지튀김 • 134
가지냉국 • 138

애호박

애호박군만두 • 142
애호박선 • 146
애호박전 & 부추장 • 148
애호박순두부 • 150

가을,

햇살 아래 아삭하게 여문, 가을의 첫입 • 158 | 숲의 향기가 가득, 가을을 머금은 감칠맛 • 172
깊어진 시간 대지의 온기를 품다 • 186 | 계절과 몸을 잇는 따뜻한 연결고리 • 200

사과

사과시나몬구이 • 160
사과당근 그린샐러드 • 164
사과감말랭이 고추장무침 • 166
사과당근양배추 샌드위치 • 168

버섯

표고버섯구이와 참나물페스토 • 174
팽이버섯튀김 유린기 • 176
버섯간장장아찌 • 180
느타리버섯두루치기 • 182

당근

당근라페 템페샌드위치 • 188
당근채소찜과 바냐카우다 • 192
당근콜라비쏨땀 • 194
병아리콩 후무스딥과 당근비트오븐구이 • 196

두부

템페마파두부덮밥 • 202
두부쑥갓깨버무리 • 206
아게다시도후 • 208
삼각두부샌드 • 210

겨울,

겨울에 더 빛나는 하얀 얼굴 • 220 | 차가운 바다의 깊이를 머금다 • 234
차갑고 단단한 땅이 키운 시원한 단맛 • 248 | 햇살과 바람이 건조한 시간의 기록 • 262

콜리플라워
콜리플라워스테이크 • 222
콜리플라워라이스 • 226
콜리플라워강정 • 228
콜리플라워 병아리콩커리 • 230

무
매운 대파무조림 • 250
표고버섯무솥밥 • 252
알배추와 무생채 • 254
무우엉포타주 • 256

해조류
뿌리채소톳솥밥 • 236
두부파래전 • 240
들깨표고버섯미역국 • 242
미역줄기팽이버섯볶음 • 244

건나물
채이장 [채소육계장] • 264
고사리유부김밥 • 268
매콤 더덕구이를 올린 시래기솥밥 • 270
호박고지나물 두부카나페 • 272

그리고 알아차렸죠.
먹는 것이 곧 나를 만든다는,
단순하지만 깊은 진리를요.

아이가 태어나지 않았다면 아마도 채소생활자가 되지 않았을지도 몰라요. 그럭저럭 괜찮은 간헐적 채식인으로, 그냥 그런대로 살아갔을 것 같아요. 하지만 아이의 탄생은 우리 가족의 라이프스타일을 완전히 뒤바꿔 놓았죠. 출산 후 모유수유로 고생하다 백일간 현미채식을 실천했는데, 놀랍게도 모유수유는 물론 늘 과체중이었던 몸도 무리 없이 자연스럽게 정상체중으로 돌아왔어요. 그동안 '먹는 것'에 대해 얼마나 무지했는지, 자연스럽게 돌아보게 되었어요.

비거니즘에 관심을 가지게 된 건 꽤 오래전 일이에요. 17년 전, 런던유학 시절에 함께 살던 하우스메이트 친구들이 모두 비건이었거든요. 당시만 해도 우리나라에는 '비건'이라는 단어조차 생소했어요.

스물한 살의 제 눈에 비친 그 영국인 부부와 친구들은 환경과 생태, 건강을 고루 살피며 살아가는 사람들이었죠. 로컬 마켓이 열리는 날이면 꼭 장을 보러 가고, 점심 도시락을 직접 싸서 다니고, 저녁은 부부가 번갈아 가며 요리했어요. 채소로만 만들었는데도 크게 거부감도 없었고, 무엇보다 정말 맛있었어요. 한 번도 본 적 없던 그들의 생활 방식이 정말 보기 좋았죠. 억지로 애쓰는 느낌이 아니라 그냥 자연스럽게 그렇게 사는 모습이요.

지금 이 계절 속에서,
어떤 채소가 내 몸과 마음에 가장 필요한지를
알아차리는 것. 그게 요리의 시작이었어요.

채소생활자로 살아가기로 마음먹었을 때, 먼저 들었던 고민은 '동물성 식재료 없이 채소로만 요리하며 살아갈 수 있는가'였어요. 동물성 재료가 빠진다면 장바구니를 무엇으로 채워야 할지 막막했죠.

저는 특정 요리를 위해 일부러 장을 보기보다는 마트나 시장에서 제철에 나온 싱싱하고 저렴한 채소를 선택하고 어떻게 먹어볼까 생각하는 편이에요. 계절을 따라 제철 채소로만 요리하며 밥을 지어 먹다 보니 요리라는 행위가 단순히 식재료를 고르고 조리하는 일만은 아니라는 걸 조금씩 알아가게 되었어요.

여름에 딸기가 먹고 싶을 때는 겨울에서 봄으로 넘어가는 계절을 기다리고, 겨울에 수박이 먹고 싶을 때는 땀 흘리는 한여름을 기다려요. 제철 재료를 다양한 방식으로 요리해 즐기면서, 한철을 신나게 누리는 재미를 배워나가요.

입안에 들어오는 채소의 맛이 어느 날은 바람 같고, 또 어느 날은 햇살 같고, 가끔은 내 기분을 닮아 있을 때가 있어요. 그걸 느끼는 순간, 마음 깊은 곳에서 조용히 감사함이 피어나요. 계절의 맛을 알아차리는 건, 결국 '지금 여기'를 알아차리는 일이기도 하니까요.

아주 사소하지만 분명히 존재하는 그 계절의 맛을 우리 각자의 식탁 위에서 조용히, 그리고 깊이 알아차릴 수 있기를 바라요.

무엇을 먹고, 어떻게 먹으며,
타인과 어떻게 그것을 나누는지를 통해
우리가 이웃하고 있는 모든 관계를
선명하게 알아차릴 수 있어요.

우리가 지금 서 있는 이곳이
그냥 '안전지대'가 될 수는 없을까.

어느 쪽에도 속하지 못하던 날들이 있었어요. "뭐 전공했어요?" "몇 학번이에요?" "제주 토박이세요?" "비건으로 사는 거 피곤하지 않아요?" 익숙한 질문들이었지만, 대답할수록 어쩐지 더 멀어지는 기분이 듭니다. 나는 사실 어디에 꼭 속하고 싶었던 적이 별로 없는데, 꼭 속해야만 할 것 같은 분위기 속에 자꾸 놓이곤 했어요. 어쩌면 나도 공동체에 속하고 싶었던 때가 있지 않았을까 되묻기도 했죠. 다만 그건 내가 원한다고 해서 되는 일이 아니었어요. 속하지 못한 이력을 불편하거나 미숙하다고 보는 시선을 마주할 때면 자연스럽게 말수가 줄었습니다.

그럴 때마다 어느 쪽에도 완전히 속하지 않아도 괜찮은, 서로의 존재가 그대로 받아들여지는 그런 공간이 있으면 좋겠다는 생각을 했어요. 이렇게든 저렇게든 경계선을 긋지 않고, 그저 함께 하나의 원 안에서 지금 이대로, 있는 그대로의 존재로 받아들여지면 좋겠다고 말입니다.

그런 마음으로 문을 연 공간이 산토샤예요. 혼자든 여럿이든, 나이가 많든 적든, 장애가 있든 없든, 부유하든 그렇지 않든, 성 정체성이 무엇이든, 국적이 어디든, 그리고 함께하는 반려동물이 어떤 친구든… 모두 상관없이 누구에게나 열린, 그저 한 자리에 모여 밥을 함께 먹으며 서로의 연결을 확인하는 공간. 하지만 산토샤는 익숙하지 않은 방식, 낯선 식재료, 조용한 분위기로 누군가에게는 조금 불편한 공간일 수도 있어요. 또 누군가에게는 그 모든 것이 안식이 되기도 하죠. 몸과 마음이 느슨해지는 곳, 조용히 자기 자신으로 있을 수 있는 곳으로요.

산토샤를 저의 집처럼 열어두고, 손님들을 조용히 초대합니다. 제가 정성과 사랑을 다하듯, 이 공간을 찾아온 모두가 평화와 연대를 느끼고 가기를 진심으로 바라요.

지금 제 주변의 친구들 모두가 채소생활자는 아니에요. 그렇지만 우리는 아주 잘 지내요. 진심으로 내가 가진 삶의 방식을 이해하고 존중하는 사람들로 내 주변이 변화하는 것을 알 수 있죠. 조용하지만 분명한 위로가 되는, 참 기분 좋은 일이에요.

각 계절의 손길은 다시
다음 계절의 준비가 되고,
익어가는 음식을 통해
시간을 이어가요.

겨울이면 보리와 쌀을 쪄서 누룩을 띄워요. 온도와 습도를 살피며 며칠을 두면 곡물 사이로 곰팡이가 피어나고, 그렇게 만들어진 누룩은 미소된장이 되거나 누룩소금, 누룩간장이 되어요. 아직 겨울의 차가움이 남은 날, 메주를 씻어 항아리에 담고 소금물을 부으면 시간은 그 안에서 다시 시작되죠. 그렇게 장이 익어가는 동안, 봄은 천천히 다가옵니다.

계절이 바뀌면 우리의 손길도 달라져요. 봄에는 지난해 담가둔 장으로 향긋한 봄나물을 무치고, 여름에는 푸른 매실을 따서 매실청을 담가요. 잘 익은 매실은 소금에 절여져 우메보시가 되기도 해요. 가을이면 단단한 밤을 하나하나 까서 조심스레 조리고, 해가 짧아지는 겨울에는 김장을 해요. 그렇게 각 계절의 손길은 다시 다음 계절의 준비가 되고, 익어가는 음식을 통해 시간을 이어가요.

발효는 빠르지 않아요. 매일 조금씩 보이지 않는 곳에서 변화하고, 때가 오면 조용히 드러나지요. 아이를 키우듯 묵묵히 바라보는 일이에요. 억지로 앞당기지 않고, 자연이 이끄는 속도에 몸을 맡겨요.

예전에는 무언가를 할 때 잘하는 게 가장 중요하다고 생각했어요. 잘해야 인정받고, 잘해야 의미가 있다고 믿었죠. 그런데 점점 생각이 달라졌어요. 잘하든 못하든, 묵묵히 이어 나가는 게 더 중요하다는 걸 알게 되었어요.

걸어온 길은 이미 지나갔고, 가야 할 길은 아직 오지 않았으니 그저 지금 내 길 위에 서서 한 발짝씩 정성스레 내디딜 뿐. 잘하든 못하든 상관없으니, 발걸음이 오히려 가벼워요.

모든 건 결국,
다 지나가니까요.

    이제는 애써 나를 사랑하겠다는 다짐은 하지 않기로 했어요. 그저 사랑할 수 있을 때, 그때 사랑하면 되는 거라고 생각해요. 마음을 바라보고, 지금은 내가 이런 마음이구나 하고 조용히 알아차리죠. 굳이 애써 마음을 바꾸려 하지 않아요. 내게 이런 마음도 있다는 걸 잠시 바라봐요.
    용서도 그래요. 마음이 들지 않으면 지금은 안 되는구나 생각하고 그냥 두어요. 언젠가 될 수도 있고 아니면 끝내 안 될 수도 있겠지만 그것도 괜찮다고 생각해요. 억지로 풀어내지 않아도, 그 다음의 일들은 자연스럽게 흘러가겠죠. 모든 건 결국 다 지나가니까요.
    초여름의 오후, 햇살은 길어지고 창밖 바람은 느리게 흘러갑니다. 그 흐름 속에서 시의적절하게 나도 흘러가고 있구나, 그렇게 알아차려요.

오늘도 애씀 없이, 외면 없이, 통제 없이
그저 있는 그대로를 두어요.
숨을 매 순간 조절할 수 없듯이
재촉하거나 늦추지 않고
자연이 이끄는 속도에 몸을 맡겨요.
있는 그대로, 지금 이대로.

대지를 깨우는 따스한 햇살
새로운 출발을 예고하는 순간

봄,

다시 시작해도
괜찮은 봄

봄

영원할 것 같았던 긴긴 겨울의 대지에도 봄 햇살이 닿는다. 언제
그렇게 꽁꽁 얼었냐는 듯 천천히 숨을 고르며 깨어난다. 긴 어둠을 지나
부드러운 바람이 불어오니 잔잔한 파도처럼 땅 위로 생명들이 일렁인다.
겨우내 잠들었던 새싹들이 저마다의 빛깔과 속도로 고개를 들며 비로소
순환의 시작을 알리는 봄. 소리도 없이 포근하게 어느새 봄이 왔다.

이맘때 시장에 나가보면 신기하게도 봄나물로 나가는 손을 발견하게
된다. 몸이 먼저 봄이 오는 것을 환영하듯이. 싱그러운 빛으로 점령한
시장은 올 때마다 그 변화를 알아차릴 수 있어 즐겁다. 시금치, 미나리,
취나물 같은 정감 있는 봄나물들이 부지런한 이의 손을 거쳐 가지런히
놓여 있다. 한동안 보지 못한 것들이라 그런지 괜스레 더 반갑게
느껴진다. 손끝에 닿는 감촉과 코끝으로 스며드는 향기가 오랜만에
만나는 친구처럼 정겨워서일까, 장바구니에 봄을 가득 담아 돌아오는
발걸음이 한결 가볍다.

시장에서 만난 풍성한 봄처럼 아직 파종도 하지 않은 집 앞 텃밭에도

취나물이 이곳저곳 빼꼼히 올라와 있다. 심지도 않은 취나물이 밭에 돋아나는 것을 보면 자연스러운 봄의 순환에 대해 생각해보게 된다. 겨울에는 자취를 감추었다가 봄이 되면 생명력 가득 얼굴을 내미는 새싹들. 언제나 봄이면 꿋꿋하게 다시 시작하는 수많은 생명들 속에서 나도 무엇이든 다시 시작해도 괜찮을 것 같은 용기가 샘솟는다.

　더 자라 억세지기 전에 부지런히 따서 데쳐 먹을 요량으로 오늘도 텃밭으로 바구니를 들고 나섰다. 아이와 함께 밭으로 나가 요리조리 취나물을 찾다보면 그 자체로도 작은 탐험이 된다. 나물을 뜯으면서 손끝으로 전해지는 미묘한 생명력에 경이로움을 느낀다. 겨울의 차가운 땅을 뚫고 올라온 흔적이 잎사귀 하나, 줄기 하나에 담겨 있다고 해야 할까. 줄기를 잡아 뿌리를 뽑을 때마다 손끝으로 전해지는 그 생명감은 단순히 식재료를 준비하는 과정 이상의 의미로 다가온다.
　부엌으로 돌아와 뿌리에 남아 있는 흙을 헹구고 줄기 사이사이를 다듬는다. 흙냄새가 은은히 퍼지니 부엌은 어느새 자연의 향으로 가득하다. 흙과 바람, 햇빛과 비를 머금은 이 나물들은 겨울 동안 웅크렸던 우리의 몸과 마음을 천천히 일으켜 세울 것이다. '봄바람을 따라 산책을 나서라'라고 속삭이는 것처럼 작은 잎사귀 하나에도 봄의 다정한 이야기가 깃들어 있는 것만 같다.

　봄이 오면 몸과 마음은 분주한데 이유 없이 나른하고 몸이 무거워지는 날들이 찾아오곤 한다. 따스한 햇살이 창가에 스미고 새들의 지저귐이 귓가를 간지럽히지만, 정작 내 몸은 겨울의 둔한 리듬을 벗어나지 못하기도 한다. 나른한 춘곤증에 빠져들기도 하는 봄. 겨울 동안

● 봄

움츠렸던 몸은 갑작스러운 계절의 변화에 적응하느라 뇌로 가야 할 에너지가 부족해지기 십상이다. 운동 부족으로 굳어진 몸은 무겁고 순환이 원활치 않아 작은 변화에도 쉽게 지치고 만다. 봄이 오면 대자연이 깨어나듯, 우리 몸도 다시 깨어나기 위해 해독이 필요하다.
  이맘때가 되면 장에서부터 간까지 몸 구석구석에 새로운 숨을 불어넣으며 정화의 시간을 갖는다. 비타민과 미네랄, 항산화 물질이 풍부한 봄나물들은 겨우내 쌓여 있던 몸의 독소를 자연스럽게 배출하는 데 도움을 준다. 겨울 내내 무겁고 기름진 음식에 익숙해진 몸에 가벼운 초록 기운을 불어넣어 주며, 얼어붙었던 세포들을 깨우는 시간이 바로 봄인 것이다.

  자연의 속도대로 생동하는 봄의 나물들로 이 계절을 닮아가게 밥상을 차린다. 향긋한 봄의 새싹들을 넣어 만든 음식을 먹다보면, 몸속까지 봄이 차오르는 기분이 든다. 내 몸에 전하는 이 작은 새싹의 에너지가 놀랍게도 큰 힘이 된다는 걸 알아차린다. 식탁 위에 봄나물 한 접시를 앞에 두고 있자니 겨울을 잘 견뎌낸 나 자신을 토닥이는 것만 같아서 봄볕처럼 몸과 마음이 다 환해진다.
  오늘도 부엌은 봄으로 가득 차 있다. 취나물은 고소한 무침으로, 시금치는 따뜻한 국물로, 미나리는 새콤달콤한 양념에 버무려져 상에 올랐다. 이 소박한 밥상이 겨울 동안 움츠러들었던 몸과 마음을 다시 앞으로 나아가게 할 것이다.

봄의 시금치에서
엄마 뒷모습이 생각나

 어릴 적 엄마는 봄이 오면 깨소금과 참기름을 넣어 조물조물 시금치를 자주 무쳐주곤 했다. 싱싱한 초록빛 시금치 한 다발이 부엌으로 들어오면, 다듬어 데치고는 물기를 꾹 짜내던 엄마의 뒷모습이 지금도 생생하다.
 그때 나는 엄마가 왜 그렇게 부지런히 시금치를 무치는지 딱히 궁금하지는 않았던 것 같다. "나중에 네가 커 보면 알 거야."라던 엄마의 말처럼 은은한 시금치 맛을 아는 나이가 되어보니 엄마가 왜 그토록 봄날에 시금치를 찾았는지 어렴풋이 알 것만 같기도 하다. 어느 봄날부터였던가, 나도 모르게 연분홍빛 뿌리를 보면 그냥 지나치지 못하고 장바구니에 시금치를 담는다.
 어느새 나도 봄날의 엄마처럼 이제는 나의 아이를 위해 시금치 한 다발 사와 뿌리를 다듬고 맑은 물에 흔들어 씻고 있다. 냄비에서 살짝 데친 시금치를 물에 헹구고 조심스레 물기를 짜내며 기억을 따라 시금치나물을 무쳐본다. 소금 한 꼬집, 참기름 한 술갈, 조물조물 무쳐낸 시금치나물. 그날의 봄이 이토록 다정한 맛으로 한 접시 위에 담겨 있다.

시금치

북인도 시금치커리와 터머릭라이스
엄마표 시금치나물
시금치양송이버섯볶음
시금치프리타타

꽃샘추위가 기승을 부릴 때면 시금치커리를 넉넉하게 끓여요. 매운 것을 잘 먹지 못하던 제가 오래전 북인도 여행길에서 즐겨 먹던 커리죠. 현지어로 '팔락파니르'라고 불리는 시금치치즈커리인데, 지금은 치즈 대신 두부나 구운 채소를 올려 먹습니다. 해풍을 맞은 시금치로 끓인 커리는 어른·아이 모두 좋아해 여럿이 둘러 앉아 나누어 먹기 좋아요. 강황밥에 특히 잘 어울려요.

북인도 시금치커리와 터머릭라이스

• 봄

재료

시금치 1단
시판 토마토퓨레와 코코넛밀크 1컵씩
양파 1개
다진 마늘 1큰술
다진 생강 1작은술
올리브오일 2큰술
소금 약간
마늘과 쪽파 약간씩

향신료
큐민씨드와 코리앤더파우더 1작은술씩
강황가루 1작은술
가람마살라 1/2작은술

1. 시금치는 끓는 물에 소금을 넣고 30초간 데쳐 찬물에 헹군다. 물기를 꼭 짠 뒤 블렌더로 작은 입자가 되도록 갈아둔다.
2. 양파는 잘게 다져 달군 팬에 올리브오일을 둘러 황금색이 될 때까지 볶다가 다진 마늘, 다진 생강, 향신료 재료를 모두 넣어 타지 않게 볶는다.
3. 토마토퓨레를 넣고 중불에서 한소끔 끓인 후 데쳐 갈아둔 시금치를 넣어 살짝 끓인다.
4. 코코넛밀크를 넣고 약불에서 5~7분간 뭉근하게 끓여 소금 간한다.
5. 마늘은 저며 굽고 쪽파도 송송 썰어 올린다.

엄마표 시금치나물

봄

어릴 적 엄마의 밥상을 떠올리면 콩나물과 시금치나물부터 떠올라요. 봄이 되면 시금치를 한 봉지 가득 사와 뿌리째 데쳐서 무쳐주곤 했죠. 주방 가득히 번지던 고소한 참깨와 참기름 냄새. 뿌리가 핑크빛인 신선한 시금치를 달큼하게 무쳐 간을 보라며 입에 넣어주던 맛이 아직도 생생해요. 추억의 반찬에 당근채를 넣어서 변주해 봤어요.

재료

시금치 1단
당근 1/2개
간장과 참기름 1큰술씩
다진 마늘과 다진 파 1/2큰술씩
소금 약간
참깨 1/2큰술

땅에 바짝 붙어 얼었다 녹았다 반복하며 겨울을 나다.
꽃샘추위가 기승일 때 반갑게 찾아오는 봄의 전령 같은 시금치. 봄의 시금치가 특히 맛있는 이유는 추위에 얼지 않기 위해 스스로 잎사귀 쪽으로 당도를 올려 겨울을 이겨냈기 때문이에요. 웬만한 추위도 끄떡없이 견뎌내 몸에 주는 영양분도 으뜸! 달큰한 시금치부터 올리는 봄의 식탁입니다.

1 시금치를 끓는 물에 소금을 넣고 30초가량 데쳐 찬물에 헹궈 물기를 꼭 짠 뒤 한입크기로 자른다.
2 당근은 채를 썰어서 준비한다.
3 볼에 준비해둔 시금치와 당근채를 넣고 간장과 참기름, 다진 마늘, 다진 파를 섞어 조물조물 무친다.
4 부족한 간은 소금으로 맞추고 깨를 뿌려낸다.

시금치양송이버섯볶음

중화풍의 음식이 당길 때 만들어 먹는 볶음요리예요. 갓 지은 쌀밥에 올려 먹으면 다른 반찬 생각할 틈 없이 수북했던 밥그릇을 비우게 되는 위험한 반찬이기도 하죠. 덮밥처럼 밥 위에 올리거나 밥과 곁들여 반찬으로 즐겨도 좋아요. 시금치 특유의 향을 싫어하는 사람들에게 추천합니다.

재료

시금치 1/2단
양송이버섯 4개
홍고추 1개
다진 마늘 1/2큰술
비건 굴소스 1/2큰술 • 278P 참고
올리브오일 1큰술
소금 약간

1 시금치를 끓는 물에 소금을 넣고 30초가량 데쳐서 찬물에 헹군다. 두 손으로 물기를 꼭 짜고 난 후 먹음직스럽게 2~3cm 길이로 썬다.
2 양송이버섯은 4등분하고, 홍고추는 어슷썬다.
3 팬에 올리브오일을 두르고 다진 마늘을 넣고 볶아 향을 내고 데친 시금치, 양송이버섯, 홍고추, 비건 굴소스를 넣고 센불에서 가볍고 빠르게 볶는다.
4 부족한 간은 소금으로 마무리한다.

노지 시금치, 신안의 섬초, 남해초, 포항초…
노지 시금치 → 잎이 넓고 연하며 부드러운 식감으로, 순한 맛이 특징이다.
신안 섬초 → 잎이 두껍고 퍼진 형태로 아삭하고 단맛이 강하다.
남해초 → 잎에 곡선과 주름이 있고 질감이 단단하다. 고소한 맛이 깊다.
포항초 → 주름진 잎과 탄탄한 줄기가 특징. 달고 구수한 풍미가 돋보인다.

봄

봄

시금치프리타타

좋아하는 채소를 듬뿍 넣어 만드는 프리타타는 외국식 빈대떡이죠. 보통은 달걀을 넣는데 대신 병아리콩으로 반죽했어요. 런던 유학생 시절에 만난 비건 하우스메이트 덕에 즐겨 해먹게 된 메뉴입니다. 특별한 날에 찾는 메뉴예요.

재료

시금치 잎 1컵
삶은 병아리콩 1컵
감자 1개
양파 1/2개
당근 1/3개
아스파라거스 3개
방울토마토 6개
올리브오일 2큰술
소금과 후춧가루 약간씩

1. 병아리콩을 6-7시간 물에 불렸다가 2배의 물을 붓고 중불에서 으깨질 정도로 삶아 식혀 준비한다. 식으면 되직하게 갈아 기본 반죽을 만든다.
2. 감자는 끓는 물에 소금을 넣고 삶아 깍둑썰고, 양파는 적당한 크기로 잘라 볶는다.
3. 시금치는 소금을 넣고 30초간 데쳐 잘게 자른다. 당근은 채썰고, 아스파라거스는 2cm 길이로 썬다. 방울토마토는 반 가른다.
4. 병아리콩 반죽에 준비한 재료를 모두 넣고 소금, 후춧가루로 간한다.
5. 달군 팬에 올리브오일을 둘러 반죽을 굽는다.

입안 가득 봄이 퍼지는 순간

취나물의 부드러운 쌉싸름함, 제피된장의 알싸한 향, 참두릅의 야생적인 싱그러움. 봄의 조각들을 한 줌씩 쥐어 주먹밥을 만들었다. 동글동글 모양은 단순하지만 산과 들, 햇살과 바람이 담긴 봄의 맛. 서두르지 않고, 꾸미지 않아도 이대로 충분히 특별한 봄의 만찬이 접시 위를 가득 채운다.

봄의 숲이 절정을 이루는 5월…

제피가 순을 내는 이맘때면 덩달아 마음도 분주해진다. 억세지 않은 여린 제피의 순은 그 맛과 향이 매우 좋아 그저 맛있는 된장에 버무리기만 해도 봄의 한가운데 서 있는 기분이다. 곧자랄 제피나무를 찾아 걷는 걸음이 봄바람처럼이나 가볍다.

꽃샘추위가 기승을 부리던 날의
포근한 맛

　너무나 흔해서 무언가 특별하지 않은 양배추는 언제나 평범함 속에 늘 다정한 위로가 숨어 있다. 사각사각 씹을 때마다 속이 편안해지고, 부드럽게 익어 입안에서 녹을 때면 마음도 함께 풀리는 포근한 맛의 양배추. 묵직하면서도 둥글게 차오른 양배추는 겨울을 막 지나 봄이 될 때 가장 단맛이 난다. 잎사귀를 한 장씩 떼어낼 때마다 들리는 파드득거리는 소리에도 봄이 담겨 있다.
　삼월인데도 꽃샘추위가 기승을 부리며 눈이 펑펑 오던 저녁, 영화를 보다가 따뜻한 국물 속에 담긴 양배추말이를 본 적이 있다. 이름도 잊혀지지 않는 '카베츠롤'. 부드럽게 찐 양배추 잎으로 속재료를 감싸 자작하게 국물을 부어 먹는 장면을 보는 순간, 머릿속에는 오직 양배추롤을 만들어 먹어야겠다는 생각만 떠올랐다. 집에서 만드는 양배추롤은 영화처럼 매끈하진 않지만 봄을 말아 올리듯 정성을 다하게 되었다.
　겨울을 지나 연약한 초록빛을 품은 봄날의 양배추는 소박하면서도 충만한 맛으로 내 몸과 마음을 다정하게 채워주는 것만 같았다. 영화 속 따뜻했던 식사는 우리를 부드럽게 감싸는 다정한 위로지 않을까.

양배추

코울슬로
미니 양배추 미소된장볶음
양배추해독수프
연근너깃 캐비지롤

코울슬로

봄

어릴 적 패스트푸드점에서 처음 맛본 새콤달콤한 코울슬로. 그 맛을 못 잊어 양배추가 많이 남을 때면 가득 만들어 냉장고에 넣어두고 꺼내어 먹어요. 만드는 게 어렵지 않아 간단한 반찬으로, 샌드위치 속으로, 간식으로 즐기기 좋아요. 추억의 맛 코울슬로를 비건 마요네즈로 더 가볍게 만들어봐요.

재료

양배추 1/4통
양파 1/2개
빨강 피망과 초록 피망 1/4개씩
스위트콘 1컵
사과식초와 메이플시럽 2큰술씩
홀그레인 머스터드 2큰술
비건 마요네즈 4큰술 ● 277P 참고
소금 약간

1. 양배추를 작게 깍둑썰고 소금 한꼬집을 넣고 물이 생길 때까지 절인다.
2. 양파와 피망을 양배추 크기에 맞춰 썰고, 썬 양파는 찬물에 잠깐 넣어 매운맛을 뺀다.
3. 준비한 채소의 물기를 모두 꼭 짠 뒤 볼에 넣고 스위트콘까지 더해 섞는다.
4. 사과식초와 메이플시럽, 홀그레인 머스터드, 비건 마요네즈를 넣고 채소와 섞는다.
5. 부족한 간은 소금으로 맞춘다.

미니 양배추 미소된장볶음

쌉싸름한 맛이 가득한 미니 양배추를 양송이버섯과 미소된장소스에 볶으면 밥반찬으로 손색없어요. 미니 양배추는 보통 오븐에 구워 먹지만 팬에 가볍게 구워도 맛있답니다. 뜨겁게 먹어도, 식고 나서 먹어도 맛있어요. 방울모양의 미니 양배추는 생김새부터 귀여워 아이들도 좋아해요.

• 봄

재료

미니 양배추 1팩(약 300g)
양송이버섯 6개
다진 마늘 1큰술
미소된장 1큰술 ● 280P 참고
올리브오일 2큰술
물 1큰술

1. 미니 양배추를 깨끗이 씻어 반으로 자른다.
2. 양송이버섯은 먼지를 털고 1/4 크기로 자른다.
3. 달군 팬에 올리브오일을 두르고 다진 마늘을 볶아 향을 내고 미니 양배추를 넣어 약불로 볶는다.
4. 미니 양배추가 어느 정도 익으면 미소된장과 물을 넣고 빠르게 볶는다.
5. 마지막에 준비한 양송이버섯을 넣고 센불에 한 번 더 볶아낸다.

양배추해독수프 • 봄

환절기 감기에 걸렸거나 으슬으슬 오한이 올 때 우리집에서 제일 먼저 끓이는 게 해독수프예요. 자투리 채소를 몽땅 넣고 끓이는데, 그래도 빼먹지 말아야 할 채소가 해독 성분이 탁월한 양배추랍니다. 한 솥 끓여두면 아침, 저녁 대용으로 먹기 좋죠. 다이어트 하는 친구들에게도 추천해요. 무엇보다 위장 관리에 탁월해 꾸준히 먹으면 얼굴빛이 달라지는 마법의 수프랍니다. 큰 냄비부터 준비하세요.

재료

양배추 1/3통
양파와 당근 1개씩
샐러리 2대
올리브오일 2큰술
시판 토마토퓨레 3컵
물 6컵
월계수 잎 2장
오레가노 1큰술
비건 버터 1큰술 ● 276P 참고 ○ 선택
소금과 후춧가루 약간씩

봄

한국인 식습관에 꼭 필요한 식재료 양배추
위장병에 특효로 알려진 양배추는 속이 쓰리거나 소화불량일 때 먼저 찾는 채소예요. 양배추에 들어 있는 비타민U와 비타민K가 위벽을 보호하고 손상된 위 점막의 재생 능력을 높여 위궤양을 예방하고 치료합니다. 자극적인 음식에 노출된 한국인의 식습관에 꼭 필요한 식재료예요.

1 양배추와 양파, 당근은 깍둑썰고 샐러리는 송송 썬다.
2 달군 큰 냄비에 올리브오일을 두르고 준비한 채소를 넣고 약불에서 볶는다.
3 시판 토마토퓨레와 물 6컵을 넣고 중약불에서 끓인다.
4 보글보글 끓으면 월계수 잎과 오레가노, 비건 버터를 넣고 약불에서 채소가 뭉근해질 때까지 더 끓인다.
5 채소가 뭉근해지면 월계수 잎을 건져내고 소금과 후춧가루로 간한다.
6 그대로 뭉근하게 채소수프로 먹어도 좋고 블렌더로 곱게 갈아 먹어도 좋다.

연근너깃 캐비지롤

봄

일본 영화에 종종 나오는 캐비지롤을 보면서 따라 해보고 싶다는 생각을 많이 했어요. 캐비지롤은 데친 양배추 잎에 고기 반죽을 싸서 다시 팬에 구워 소스를 끼얹어 먹는 요리예요. 고기 반죽 대신에 연근을 활용해서 너깃을 만들어 소를 채우고 소스 없이 먹는 캐비지롤을 만들었습니다. 양배추로 멋스러운 요리를 내고 싶을 때 조금 시간을 내어 캐비지롤을 만들어 보는 건 어떨까요.

재료

양배추 넓은 잎 6장
연근 1개
두부 1모
다진 파 1대분
미소된장 2큰술 ● 280P 참고

귀리가루 또는 밀가루 1컵
현미유 3큰술
쪽파 약간 ○ 선택

1   연근은 깨끗이 씻어 껍질을 벗긴 후 강판에 갈아두고, 두부는 물기를 꼭 짠 뒤 으깬다.
2   볼에 연근, 두부, 다진 파를 넣고 골고루 섞은 뒤 미소된장과 귀리가루를 넣어 반죽을 만든다.
3   완성한 반죽은 손으로 너깃 모양을 만든다.
4   달군 팬에 현미유를 둘러 연근너깃을 올려 약불에서 골고루 익힌 뒤 식힘망에서 한 김 식힌다.
5   끓는 물에 소금을 약간 넣고 양배추 넓은 잎을 살짝 데친다. 양배추를 만졌을 때 부드러워졌다 싶으면 바로 꺼내 찬물에 헹군다.
6   데친 양배추를 도마에 펼쳐 미리 구워둔 연근너깃을 넣고 잘 감싼다.
7   쪽파를 잘게 썰어 장식으로 올려 마무리한다. 취향에 따라 팬에 캐비지롤을 살짝 구워 즐겨도 좋다.

봄

저온에서 조리해야 영양소가 그대로

겨울에서 초봄까지의 양배추는 달고 맛이 좋아서 커다란 양배추 한 통이면 한동안 반찬 걱정이 없답니다. 이걸 언제 다 먹나 싶지만 생으로, 볶음으로, 쌈으로 먹다보면 금세 동이 나죠. 양배추의 대표 영양소인 비타민U가 뜨거운 열에서는 파괴된다고 하니 저온 양배추 요리법을 익혀둘 필요가 있어요.

진흙 속에서 피어나는
삶을 지탱하는 뿌리

"미나리는 어디서든 잘 자라." 영화 〈미나리〉 속 할머니 순자의 대사가 아직도 귓가에 선명하다. 미나리는 얇고 부드러워 보이지만 그 안에는 질긴 생명력이 숨어 있다. 삶이 어떤 모양이든, 어떤 상황이든 살아가겠다는 의지처럼, 흙을 가리지 않고 물만 있으면 어디서든 뿌리를 내리는 미나리가 우리와 퍽 닮았다.

언제부터인가 쨍한 미나리의 맛이 좋아졌다. 미나리를 손에 쥘 때면 그 특유의 향긋함이 금세 코끝으로 퍼진다. 나른한 봄잠이 쏟아질 때 물기가 촉촉이 남아 있는 미나리 줄기를 만지면 손끝에서부터 싱그러운 느낌이 전해진다. 미나리 요리는 거창하지 않고 그저 얇고 소박한 모양새로 밥상 위에 올라온다. 그러나 결코 무시할 수 없는 존재감! 어떤 요리에 넣어도 그 존재를 잃지 않는 강한 초록빛이다.

삶이 어떤 모양이어도 그 자체로 괜찮다고 말해주는 것 같은 미나리. 어떤 순간에도 우리는 다시 뿌리를 내리고 서로를 지키며 살아갈 수 있다고 건네는 응원의 채소를 먹으며 오늘도 단단히 힘내 본다.

미나리

얼큰 미나리버섯전골
미나리표고버섯전
미나리템페 캐슈너트볶음밥
미나리무말랭이초무침

얼큰 미나리버섯전골

봄

국물요리가 먹고 싶을 때는 미나리버섯전골을 만들어 샤브샤브처럼 즐겨요. 맑은 채수에 채소와 버섯, 그리고 미나리를 듬뿍 올려 살짝 데친 뒤 겨자간장에 찍어 먹기도 하고 국물에 밥을 말아 먹기도 하죠. 비 오는 날에 더 생각나는 얼큰 미나리버섯전골을 보글보글 끓여봐요.

재료

미나리 1단
팽이버섯 1/2봉
느타리버섯과 불린 목이버섯 한 줌씩
새송이버섯과 표고버섯 1개씩
알배추 잎과 숙주 한 줌씩
청경채 2개
유부와 두부 취향껏 ○ 선택
나박하게 썬 무 1컵
채수 6컵

양념장

다진 청양고추와
다진 홍고추 1개분씩 ○ 선택
다진 마늘 2큰술
다진 생강 1/4큰술
간장 6큰술
고춧가루 3큰술
들기름 1큰술

피로도가 높다면 알카리성 미나리를!
미나리는 황사와 미세먼지로 쌓인 몸속 중금속을 배출하는데 좋은 채소예요. 칼륨 성분이 많아 해독에도 탁월하죠. 몸의 피로도가 높고 고지방 식이로 산성화되었다면 비타민과 무기질이 풍부한 알칼리성 식품인 미나리를 가까이 두어야 해요. 간의 피로회복과 숙취 해소에도 좋으니 다양한 요리로 즐겨봐요.

● 봄

1 미나리는 뿌리를 잘라 먹기 좋게 썰어 준비한다. 버섯들도 먼지를 가볍게 턴 후 밑동을 잘라 손으로 찢는다. 유부와 두부도 적당한 크기로 썰어 준비한다.
2 알배추는 잎을 하나씩 떼어 준비하고, 청경채는 십자모양으로 칼집내 자른다.
3 양념 재료를 모두 섞어 양념장을 준비한다.
4 넉넉한 솥에 채수를 붓고 양념장을 풀어 바글바글 끓인다.
5 채소의 단단함의 정도에 따라 무→알배추→버섯→유부→두부→숙주→청경채→미나리를 순서대로 넣고 끓인다.
6 중약불에서 채소가 익으면 불을 끄고 덜어 먹는다.

봄

미나리표고버섯전

미나리 요리를 하고 잎 부분만 남았을 때는 고민하지 않고 프라이팬을 꺼내요. 향긋한 미나리 잎과 쫄깃한 표고버섯 밑동을 툭툭 잘라 반죽에 넣고 기름 두른 팬에 구워요. 미나리와 표고버섯의 조합은 언제나 옳거든요. 초고추장에 찍어 먹어도 맛있답니다.

재료

미나리 1/2단
표고버섯 3개
작은 양파 1/2개
홍고추 1개
현미유 약간

반죽
밀가루와 부침가루 3큰술씩
얼음물 1/2컵
소금 1/2작은술

1 미나리는 먹기 좋게 썰고, 표고버섯은 먼지를 털어 낸 후 얇게 썬다. 버섯의 밑동도 사용한다.
2 양파와 홍고추도 채썰어 준비한다.
3 밀가루와 부침가루를 섞어 얼음물에 넣고 소금을 더해 부드럽게 반죽한다.
4 반죽에 준비한 채소를 모두 넣고 섞는다.
5 팬에 현미유를 두르고 중불에서 달군 후 반죽을 부어 고르게 편다.
6 양면이 노릇하게 구워지면 완성이다.

미나리템페 캐슈너트볶음밥

동남아시아 여행을 하다보면 다양한 볶음밥 종류에 놀라곤 하죠. 이제는 쉽게 구할 수 있는 템페와 캐슈너트를 이용해 태국 스타일의 간장볶음밥을 만들었어요. 설탕 대신 메이플시럽으로 단맛을 내고 고수 대신 미나리 대를 듬뿍 넣어 완성했죠. 라임이나 레몬을 곁들여도 좋아요.

재료

식은 밥 2공기
미나리 1/2단
템페 100g
양파 1/2개
다진 마늘 1/2큰술
볶은 캐슈너트 한 줌
올리브오일 2큰술

간장소스
간장과 메이플시럽 2큰술씩
올리브오일 2큰술
맛술 1큰술
다진 마늘 1/2큰술
후춧가루 취향껏

1. 템페는 실온에 해동해 한입크기로 썬다.
2. 달군 팬에 올리브오일을 두르고 중약불에서 템페를 노릇하게 볶는다.
3. 양파를 잘게 다져 다진 마늘과 함께 넣고 볶아 템페볶음에 향을 더한다.
4. 식은 밥을 넣고 다른 재료와 골고루 섞이게 중불에서 볶는다.
5. 모든 소스 재료를 섞어 간장소스를 만든다. ④에 소스를 부어 간을 배도록 조리한다.
6. 미나리를 송송 썰어 볶은 캐슈너트와 함께 넣어 센불에서 가볍게 볶아 완성한다.

물미나리와 돌미나리
미나리는 심는 장소에 따라 물미나리(논미나리)와 돌미나리(밭미나리)로 나뉘어요. 물미나리는 줄기가 길고 잎이 부드럽고 향이 연한 반면, 야생에서 자라는 돌미나리는 줄기도 짧고 잎이 많아서 향이 강해요. 평소 강한 미나리 향이 부담스럽다면 청도지역에서 수확되는 부드러운 향과 맛의 한채미나리를 추천해요.

봄

미나리 세척법
미나리는 줄기가 너무 굵지 않고 줄기 아래는 연한 적갈색이 도는 것을 골라요. 유기농이라면 잎 속에 작은 거머리가 남아 있을 수 있으니 꼼꼼히 세척하길 권해요. 식초를 탄 물에 미나리를 20분 정도 담가두면 거머리가 살길을 찾아간답니다.

미나리무말랭이초무침

봄

미나리를 떠올리면 엄마가 초장소스에 무쳐주던 미나리초무침이 제일 먼저 떠올라요. 어렸을 때는 미나리의 향이 싫어 요리조리 피했던 음식이죠. 그런데 한 살 한 살 나이를 먹다보니 추억의 음식들을 찾고 있네요. 꼬들꼬들한 무말랭이와 미나리를 섞어 만든 초무침에 집 나간 입맛도 돌아옵니다.

재료

미나리 1/2단
불린 무말랭이 한 줌
통깨 1큰술

양념장
고춧가루와 고추장 1큰술씩
간장 1큰술
식초 2큰술
매실청 2큰술 ● 281P 참고
참기름 1/2큰술
통깨 1큰술

1 미나리는 뿌리를 제거해 먹기 좋게 자른다.
2 무말랭이는 미리 2시간 정도 불려두었다가 물기를 꾹 짜서 준비한다.
3 통깨를 제외한 재료를 섞어 양념장을 만든 뒤 볼에 무말랭이와 넣고 버무린다.
4 준비한 미나리도 넣어 함께 섞는다.
5 통깨를 솔솔 뿌리면 완성이다.

아침에 텃밭에서 따온 향이 가득한 허브를 다듬고 있으면…
요리사라는 직업이 주는 행복감을 가득 느낀다. 생명력 가득한 신선한 맛과 향을 접시에 담아내는 일을 할 수 있음에 감사한 나날들. 겨우내 정성스레 발효시킨 것들을 늦봄에 선보일 생각에 설렌다. 가는 봄을 만끽할 일만 남았다.

● 봄

우리가 하는 요리는 계절의 리듬을 타는 일

오결장이 서면 요즘 나오는 채소들이 무엇인지를 천천히 들여다보며 맛의 지도를 그려본다. 처음으로 올라온 죽순, 더덕순, 엄나무순, 먹고사리, 자연산 달래 등을 양손 묵직하게 사 들고 돌아올 때면 유난히 발걸음이 가볍다. 봄의 한가운데로 성큼 들어선 것만 같아서.

75

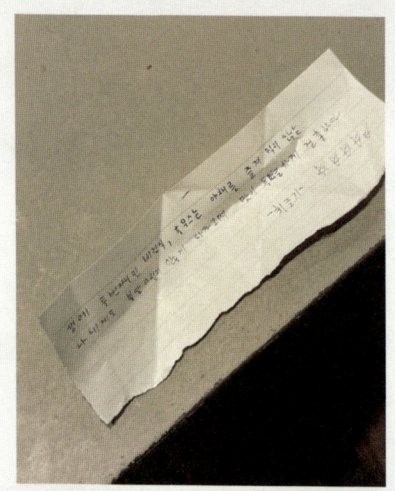

하루하루 스스로를 정성스럽게 보살펴며 살기

누군가를 위한 음식도 물론 중요하지만 가끔은 애쓴 나를 위해 근사한 요리를 만든다. 잘하지 못해도, 완벽하지 않아도 그런대로 랜찮은 나에게 주고 싶은 선물 같은 음식을 만들며 스스로를 돌본다. 요리는 나에게 보내는 응원가이기도 하니까.

잎사귀마다 설렘 가득,
연둣빛 숨바꼭질

　봄이 오면 집 앞 텃밭이 가장 먼저 초록으로 물든다. 그
중에서도 취나물은 마치 봄의 선물처럼 가장 먼저 고개를
든다. 짙은 잎사귀는 땅 위로 손을 뻗듯 펴져 있고, 햇살을
받아 반짝이는 모습에 오늘도 텃밭으로 나가본다.
　"엄마, 여기 또 있어!" 새벽 이슬이 내려앉은 이른 아침,
아이와 함께 텃밭에 나가 취나물 찾기를 하는데 백발백중
아이의 손끝이 가리키는 곳마다 취나물이 빼곡하다. 먹을
만큼의 취나물을 들고서 부엌으로 돌아와 조심스럽게
다듬는데 흙을 씻어내는 동안 퍼지는 향긋한 내음은
텃밭에서 맡았던 봄의 냄새 그대로다. 팔팔 끓는 물에
살짝 데쳐 초록빛이 더 선명해진 취나물을 찬물에 헹구어
물기를 짜내니 봄의 싱그러움이 주방에 가득하다.
　애쓰지 않고 가볍게 무친 취나물과 갓 지은 밥을 섞어
주먹밥을 만드는데 콧노래가 난다. 봄의 따사로운 햇살을
받으며 식탁에 둘러 앉아 먹는 취나물 주먹밥. 애쓰지 않고
얻는 자연의 풍요를, 이 봄날 사랑하는 사람들과 나누는
기쁨이 바로 여기 있다.
　"올해도 취나물이 많이 올라왔네!"

취나물

취나물고사리 들깨파스타
취나물콩가루된장국
취나물페스토 쇼트파스타
호두쌈장을 올린 통들깨취나물초밥

취나물고사리 들깨파스타

● 봄

시장에서 취나물을 볼 수 있을 때면 부드러운 햇고사리도 뒤이어 나오지요. 취나물과 햇고사리의 조합은 이 봄을 기다리기에 충분합니다. 애정하는 취나물고사리 들깨파스타를 소개할 수 있어서 기쁜 마음마저 들어요. 향긋한 취나물에 부드러운 고사리를 더해서 들깨와 들기름으로 맛을 낸 파스타를 즐겨요. 봄볕 아래 깊어지는 봄을 만끽하기에 충분해요.

재료

취나물 한 줌
데친 고사리 1/2컵
다진 마늘 1큰술
간장과 들깨가루 1큰술씩
올리브오일과 들기름 2큰술씩

면 삶기

스파게티 1인분
올리브오일과 소금 약간씩

1. 생고사리는 독성이 있으므로 팔팔 끓는 물에 식초 한 숟가락을 넣고 5~10분간 데쳤다가 찬물에 헹궈 준비한다. 너무 오래 데치면 흐물흐물 해지니 부드럽게 익으면 건진다. 데친 고사리는 물기를 조금 짜낸 다음 먹기 좋은 길이로 자른다.
2. 취나물은 시든 잎과 밑동을 정리해 흐르는 물에 깨끗이 씻어 물기를 뺀다.
3. 끓는 물에 올리브오일과 소금을 넣고 스파게티 파스타 면을 7~8분 정도 삶는다. 면수는 조금 남겨둔다.
4. 달군 팬에 올리브오일을 두르고 다진 마늘을 볶다가 삶은 파스타 면과 데친 고사리, 취나물을 넣고 중불에서 취나물의 숨이 죽을 정도만 볶는다.
5. 간장과 들깨가루를 넣고 살짝 볶듯이 버무려 불을 끈다.
6. 접시에 담고 들기름을 뿌리면 완성이다. 취향에 따라 페퍼론치노나 청양고추를 잘게 썰어 넣어도 좋다.

취나물과 들깨가 만나면 영양도 만점

봄나물을 대표하는 취나물은 비타민A, 비타민C, 칼슘, 엽산, 인 등이 풍부하게 들어 있는 알칼리성 식품이에요. 칼슘과 칼륨 함량이 높아 골다공증 환자나 성장기 아이들은 물론, 나트륨을 배출해 혈액순환을 좋게 하고 혈압을 낮춰주는 귀한 채소죠. 다만 단백질과 불포화지방산이 부족한데, 조리 시 들깨를 넣으면 영양 밸런스를 맞출 수 있어요.

취나물콩가루된장국

봄

아직은 쌀쌀한 봄에 생각나는 취나물된장국. 환절기에 목이 칼칼할 때는 온몸을 데우고 자극적이지 않은 취나물콩가루된장국을 식탁 위에 올립니다. 취나물에 생콩가루를 입혀 끓여 부드럽고 호로록 먹기에 좋아요.

재료

취나물 3컵
생콩가루 3큰술
채수 4컵
된장 1큰술
다진 마늘 1/2큰술

1. 취나물을 깨끗이 씻어 큰 볼에 담고 생콩가루를 뿌려 골고루 섞는다.
2. 냄비에 채수 4컵을 붓고 된장과 다진 마늘을 풀어 한소끔 끓인다.
3. 국물이 끓으면 약불로 낮추고 생콩가루가 입혀진 취나물을 조심스럽게 넣는다.
4. 약불에서 콩가루가 익으면 그릇에 덜어도 좋다.

싱싱한 취나물 찾기

취나물은 잎이 부드럽고 연한 녹색을 띠고 뒷면에 윤기가 흐르는 것이 싱싱해요. 줄기 끝부분은 붉은색을 띠며 특유의 향이 있는지도 확인합니다. 봄에만 나는 참취나물은 부드럽고 향이 매우 좋아 그 시기를 놓치지 말고 즐겨야 해요. 무침뿐만 아니라 다양한 요리로 봄맛의 세계를 넓혀 보세요.

취나물페스토 쇼트파스타

• 봄

취나물페스토를 만들어보니 이건 무조건 쇼트파스타와 버무려 먹으면 맛있겠다는 생각이 번뜩 떠올랐어요. 냉장고에 넣어 두었던 취나물페스토를 꺼내어 삶아서 찬물에 헹군 파스타 면에 휘휘 버무리면 훌륭한 요리가 뚝딱 만들어져요. 봄볕 아래에서 즐겨요.

재료

푸실리 2인분
금귤 3개
아스파라거스 2대
소금 1작은술

취나물페스토
취나물 3컵
좋아하는 허브 1/2컵
올리브오일 1/2컵
구운 잣 1/3컵
레몬 1개
마늘 1쪽
소금 약간

1. 깨끗이 씻은 취나물의 물기를 제거한다.
2. 레몬은 강판에 갈아 제스트와 즙을 준비한다.
3. 블렌더에 취나물과 좋아하는 허브, 올리브오일, 구운 잣, 레몬즙, 마늘을 넣고 간다. 허브는 바질, 민트, 이태리파슬리, 고수, 딜 등도 좋다.
4. 레몬제스트와 소금으로 페스토를 완성한다.
5. 금귤은 씻어 반 잘라 씨를 빼고 아스파라거스는 끓는 물에 소금 한꼬집을 넣고 살짝 데친다.
6. 푸실리는 끓는 물에 소금 1작은술을 넣고 5분30초간 삶아 찬물에 헹군다.
7. 만들어둔 페스토와 버무린 후 금귤과 아스파라거스를 더해 접시에 담는다.

허브의 계절이 오기 전! 취나물 즐기기
건취나물 대신 봄에 올라오는 향 가득한 취나물을 밥상 위에 올리는 것은 신나는 일이에요. 여름철 허브가 무성해지기 전까지 싱그럽고 향긋한 취나물을 즐깁니다. 취나물로 페스토와 파스타를 만들면 외국의 허브들이 부럽지 않아요.

호두쌈장을 올린 통들깨취나물초밥

봄이 오면 텃밭에 나가 취나물을 뜯어요. 심지도 않았는데 텃밭 곳곳에 자라는 취나물은 여리고 향이 좋아 어떻게 먹든 다 맛있죠. 살짝 데쳐서 물기를 꼭 짠 뒤 단촛물로 맛낸 밥에 버무려 주먹밥으로 만들면 순식간에 사라지죠. 도시락 메뉴로도 손색없는 산뜻하고 향긋한 맛의 초밥이랍니다.

재료

고슬밥 2공기
취나물 4컵
통들깨 3큰술
소금 1/2 작은술

단촛물

간장 2큰술
매실청 1큰술 • 281P 참고
식초와 참기름 1큰술씩

호두쌈장

호두 1/3컵
된장 2큰술
고추장 1큰술
매실청과 참기름 1/2큰술씩

1. 호두는 약불에 볶아 한 김 식힌 후 다져 남은 쌈장 재료와 섞어 호두쌈장을 만든다.
2. 취나물을 뜨거운 물에 소금 한꼬집을 넣고 가볍게 데쳐 찬물에 헹군다. 물기를 짜서 약간의 소금으로 간해 조물조물 무친다.
3. 간장, 매실청, 식초, 참기름을 섞어 단촛물을 만들어 고슬밥과 섞어 식힌다.
4. 단촛물로 맛낸 밥에 취나물무침과 통들깨를 넣고 섞어 주먹밥을 뭉치듯 손으로 모양낸다.
5. 취나물주먹밥 위에 호두쌈장을 올리면 취나물초밥 완성이다.

● 봄

작열하는 태양 아래
무럭무럭 자라나는

여름,

뜨거운 날을 견디며
단단해지는 여름

여름

　해가 서쪽 하늘로 기울 무렵, 부엌 창 너머로 붉게 물든 하늘이 보였다.
낮 동안 뜨겁게 내리쬐던 햇살도 이제는 한결 부드러워진 모양이다.
바람은 여전히 따뜻하지만, 그 속에는 하루를 살아낸 여름의 풀잎 냄새가
묵직하게 스며 있다. 텃밭에서는 풀벌레 소리가 한참 울려 퍼지고,
장마가 오려는지 멀리서 들려오는 바람 소리도 심상치 않다.
　한여름에는 텃밭에 나갈 엄두가 잘 나지 않는다. 강한 햇살을 피해
해가 뜨기 전이나 해 질 무렵이 되어야만 잠깐씩 나가볼 수 있다. 게으른
농부의 텃밭은 하루가 다르게 풀이 무성해지고, 비가 잦아지자 작물
만큼이나 풀이 빠르게 자라기 시작했다. 풀 무더기 속에서도 꿋꿋하게
열매를 맺는 채소들을 보면 그저 기특하고 고마운 마음이 든다.

　비가 내리는 날이면 쑥쑥 자라는 채소들 사이로 높게 자란 풀들이
먼저 보인다. 문득 조급한 마음이 들기도 하지만, 제초제를 쓰지 않기로
했으니 어쩔 도리가 없음을 곧 받아들이게 된다. 땅을 있는 그대로
자연스럽게 돌보는 것에서부터 시작해보자는 마음으로 텃밭을 가꾸는데,
물론 쉽지 않다.

비닐 멀칭을 하지 않는 것도 같은 이유에서다. 검은 비닐로 밭을 덮으면 잡초를 막고 수분을 유지하는 데 도움이 되지만, 한철이 지나면 쓰레기가 되고 썩지 않아 땅에 고스란히 남는다. 결국 미세 플라스틱이 되어 생태계를 교란시키기도 한다.

수고스럽더라도 우리는 예초한 풀이나 낙엽 같은 자연 재료로 흙 위를 덮는다. 이런 유기물은 썩어서 다시 흙이 되고, 땅에 영양을 더해준다. 물론 이 방법으로는 잡초를 완벽히 통제할 수 없다. 밭을 돌볼수록 자연은 애초에 사람이 마음대로 통제할 수 있는 대상이 아니라는 것을 점점 더 선명하게 알아간다. 무수한 생명으로 어우러진 작은 세계라는 것을 수용하고 나니 더 이상 잡초를 미워하지 않게 되었다.
주변의 어르신들이 보면 "그게 밭이냐"라며 혀를 차실지도 모른다. 하지만 내가 좋아하는 토마토 한 알을 위해 셀 수 없이 많은 곤충과 미생물을 죽이는 일을 더 이상 하지 않기로 했다. 농약을 치지 않는다는 건 곤충과 풀을 생태계의 일부로 인정한다는 뜻이기도 하다.

텃밭에 시간을 들여 작물을 키워 보니, 조금 작고 모양이 반듯하지 않더라도 속이 단단하고 맛과 향이 진한 채소들을 먹을 때의 기쁨이 훨씬 크다는 것을 알게 되었다. 눈앞에 맺힌 한 알의 토마토 아래에는 그 열매를 지탱하는 수많은 생명들이 함께 살아가고 있다는 것을 이제는 안다. 보이지 않는 뿌리, 흙 속의 미생물, 바람에 날리는 작은 씨앗 하나까지. 더디고, 작고, 수확량은 적을지 몰라도 그 안에는 우리가 지켜가고 싶은 삶의 방식이 분명히 담겨 있다.

여름

 그렇게 귀하게 수확한 채소들이 부엌 한쪽에 조용히 놓여 있다. 한여름의 태양 아래 자란 것들은 단단하고 윤이 난다. 부드러운 손길로 애호박을 자르고 가지를 손질하며 여름의 조각들을 식탁으로 옮기는 일도 게을리 하지 않는다.

 창문을 통해 들어오는 바람은 텃밭의 푸르른 내음을 안고 부엌으로 스며든다. 가지와 토마토는 필사적으로 뿌리를 뻗고, 애호박은 잎을 넓게 펼쳐 그늘을 만들며 더위와 싸운다. 그 자체로도 생명력이 강한 여름 채소들은 우리 몸에 필요한 영양을 듬뿍 품고 있다.

 오이와 애호박은 수분이 풍부해 더위에 지친 몸을 식혀주고, 가지에는 강력한 항산화 성분이 있어 햇빛에 손상된 세포를 보호해준다. 토마토의 붉은 빛은 여름 태양 아래 더욱 짙어지고, 그 속의 라이코펜은 몸속 열을 내려주며 심장을 건강하게 해준다. 여름 채소를 먹는다는 것은, 자연이 우리에게 건네는 가장 순리적인 방식의 피서이기도 하다.

 한여름의 저녁 식탁은 그렇게 채소를 손질하고, 가볍게 요리하고, 가족과 함께 나누는 시간으로 채워진다. 밭에서 갓 따온 방울토마토가 입안에서 톡 터지는 순간, 하루의 소소한 이야기들이 오간다. 조금 더 단단해진 우리 모두에게 감사한 마음이 깃드는 여름날의 저녁이 가고 있다.

뜨거운 낮, 포슬포슬한
감자 한입

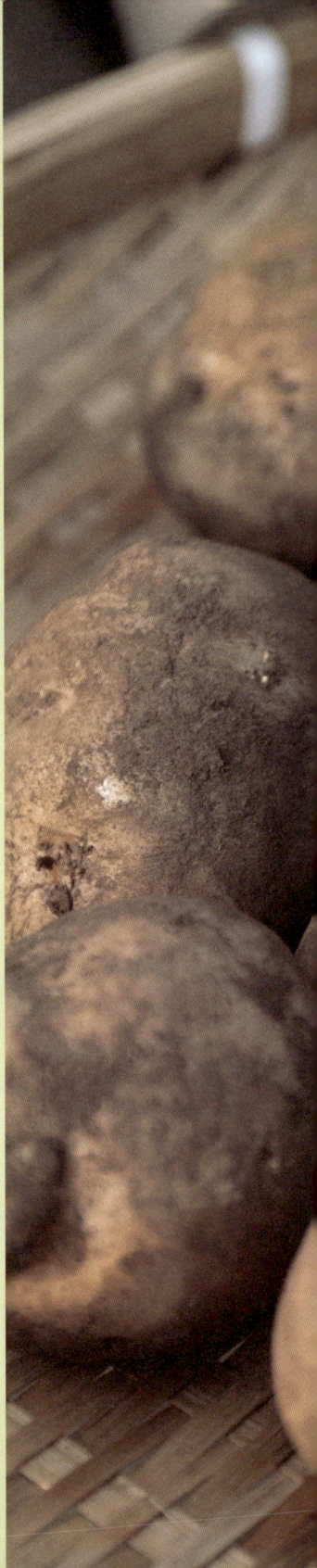

 하지가 가까워오면 감자밭의 흙이 몽글몽글
부풀어오른다. 초여름의 뜨거운 햇살을 받아 살짝 갈라진
흙 아래 여린 하지 감자들이 숨어 있다. 봄에 심어둔 작은
씨감자가 어느새 둥글고 단단한 열매를 맺었다. 손으로
조심스레 파헤치면 마치 보물찾기처럼, 보송보송한
감자들이 얼굴을 내민다. 아이와 함께 흙 속에 손을
집어넣어 감자를 캐 올리면, 따뜻한 땅의 온기가 손끝으로
전해진다. 햇살 아래 반짝이는 감자들은 처음 세상에 나온
듯 싱그러움 가득 단단함이 있다.
 소금을 한 꼬집 넣고 찌기만 해도 입안에 퍼지는 단맛과
포슬포슬한 식감의 하지감자. 하얀 김이 모락모락
올라오는 하지감자를 반으로 갈라 후후 불어 먹으면
이만한 별미가 없다. 단출한 조리법일수록, 감자 본연의
맛이 더욱 선명하게 살아난다.
 아이는 뜨거운 감자를 손끝으로 데굴데굴 굴리며 한입
베어 물고, 남편은 꾸덕하게 식은 감자에 소금만 솔솔 뿌려
한참을 음미한다. 우리집 강아지는 떨어진 감자 껍질을
킁킁거리다 이내 시큰둥하게 돌아섰다. 작은 식탁 위에서
계절을 나누는 가장 다정한 방식의 여름날이 가고 있다.

알루마살라 [드라이 감자커리]
감자크로켓 & 딜타르타르소스
감자표고버섯 들깨고추장찜
브로콜리감자샐러드

감자

알루마살라 드라이 감자커리

여름

인도남부를 여행하던 중 알게 된 요리예요. 너무 더워 식욕도 없던 날, 길거리에서 먹었던 '도사'라는 음식이 잊혀지지 않아요. 코코넛과 쌀로 만든 반죽을 얇게 구워 물기 없이 볶아낸 인도식 감자볶음을 싸서 매운 소스에 찍어 먹는 요리죠. 차게 먹어도 맛있어서 무더운 여름이 오면 자주 만들어 먹는답니다.

재료

감자 3개
양파 1개
다진 마늘 1큰술
다진 생강 1작은술
물 2컵
식용유 2큰술
소금 약간
고수 잎 약간 ○ 선택

향신료
코리엔더파우더와 큐민가루 1작은술씩
강황가루 1/2작은술
머스터드 씨드 1작은술
고춧가루 1/2작은술 ○ 선택

수미감자 vs 대서감자 vs 추백감자
여름철 시장에 나오는 감자는 봄에 심어 초여름에 수확한 햇감자예요. 수확한 지 얼마 안 되어 수분이 많고 껍질이 얇아 부드럽고 고소하죠. 감자는 품종에 따라 식감과 맛이 조금씩 다른데, 수미감자는 국내에서 가장 흔한 품종으로 전분 함량이 중간 정도로 삶거나 볶아도 그 형태가 잘 유지됩니다. 대서감자는 전분이 많아 퍽퍽하고 포슬포슬한 식감으로 으깬 감자 요리에 적합해요. 수분이 많고 단단한 추백감자는 햇감자로 가장 많이 유통되는 품종으로 조림에 잘 어울려요.

여름

1. 감자는 껍질을 벗겨 깍둑썰기하고, 양파는 잘게 다진다.
2. 중약불에서 팬에 식용유를 둘러 양파부터 천천히 볶는다. 양파가 투명해질 때까지 5분간 볶다가 다진 마늘과 다진 생강을 넣고 1분 더 볶는다.
3. 준비한 향신료를 모두 넣고 향이 올라올 때까지 30초간 볶는다. 향신료가 기름에 살짝 스며들면서 깊은 풍미가 난다.
4. 깍둑썬 감자를 넣고 향신료와 잘 섞이도록 2~3분간 볶는다.
5. 물 2컵을 붓고 뚜껑을 덮어 중약불에서 감자가 부드럽게 익을 때까지 15~20분간 끓인다.
6. 감자가 충분히 익으면 소금으로 간하고 한 번 더 부드럽게 저어준 뒤 불을 끄고 뚜껑을 덮고 잠시 뜸을 들인다.
7. 그릇에 덜고 고수 잎을 뿌려낸다. 따뜻한 밥이나 난, 바게트와도 잘 어울린다.

감자크로켓 & 딜타르타르소스

여름

향신료로 맛을 낸 크로켓은 봄과 여름이면 산토샤에서도 포장고객이 줄을 이을 만큼 인기가 좋아요. 여러 번의 시행착오 끝에 완성한 수제 비건 타르타르소스와의 조합이 일품이죠. 소스는 하루 전에 만들어 냉장실에 넣어두면 그 맛이 더욱 깊어져요. 손이 많이 가지만 특별한 날에 만들어보세요. 바게트나 샌드위치 빵에 크로켓을 끼워 먹어도 맛있어요!

재료 5개 분량

감자 3개
양파 1/2개
밀가루와 빵가루, 식용유 각 1컵씩
소금과 후춧가루 약간씩

튀김옷
밀가루 2큰술
전분 1큰술
물 3~4 큰술

딜타르타르소스
허브 딜 2줄기
레몬제스트(레몬 1/2개 분량)
비건 마요네즈 3큰술 • 277P 참고
아몬드가루 2큰술
다진 양파와 다진 피클, 레몬즙 각 1큰술씩
홀그레인 머스터드와 메이플시럽 1작은술씩
소금과 후춧가루 약간씩

껍질이 얇고 흠집 없는 걸로 골라야

감자는 껍질이 얇고 흠이 없으며 들었을 때 단단하고 묵직한 걸 골라요. 빛을 받으면 솔라닌이라는 독성 물질이 생성되므로 껍질에 푸른빛이 돌거나 싹이 난 것은 피해주세요. 이때는 껍질을 두껍게 벗기거나 싹을 깊이 파내고, 심한 경우엔 먹지 않는 것이 안전해요. 여름철에는 냉장보관하는데 감자를 찬 온도에 오래 두면 전분이 당으로 바뀌어 맛까지 변할 수 있으니 일주일 안에 섭취하는 게 좋아요.

여름

1. 감자는 껍질째 찌거나 삶는다. 젓가락이 부드럽게 들어가면 꺼내어 한 김 식혔다가 껍질을 벗기고 곱게 으깬다.
2. 양파는 잘게 썰어 팬에 식용유를 두르고 중약불에서 천천히 볶는다. 양파가 투명해지면 불을 끄고 으깬 감자와 섞는다.
3. 감자와 볶은 양파를 잘 섞고 소금과 후춧가루로 간을 맞추고 손으로 동그랗게 빚거나 원하는 모양으로 만든다.
4. 재료를 섞어 걸쭉하게 튀김옷을 만든 후 ③의 반죽을 밀가루→튀김옷→빵가루 순으로 크로켓에 입힌다.
5. 팬에 기름을 넉넉히 두르고 앞뒤로 노릇하게 튀기듯 굽는다.
6. 감자크로켓 위에 준비한 딜타르타르소스를 얹어 먹는다.

딜타르타르소스 만들기

1. 딜은 곱게 썰고 레몬제스트를 준비한다.
2. 볼에 딜과 레몬제스트, 소금, 후춧가루를 제외한 모든 재료를 넣고 섞는다.
3. 소금, 후춧가루로 간을 맞추고 딜과 레몬제스트를 섞어 차갑게 보관한다.

감자표고버섯 들깨고추장찜

고소한 들깨와 깊은 감칠맛의 표고버섯, 매콤한 고추장이 조화로운 따뜻한 찜요리예요. 매콤하면서도 들깨의 깊은 맛이 지친 여름날의 보양식으로도 손색없죠. 뚝배기에 담아서 갓 지은 밥에 쓱쓱 비벼 먹거나 도시락 반찬으로도 좋아요. 남은 국물에 두부를 넣어 추가로 끓이면 또 다른 맛을 즐길 수 있어요.

재료

감자 2개
다시마 2조각(5×5cm)
건표고버섯 2~3개
물 2컵
깻잎 5장
들기름 1큰술

양념장

고추장과 간장 1큰술씩
들깨가루 1큰술
다진 마늘과 조청 1작은술씩
후춧가루 약간

1. 물 2컵에 다시마와 건표고버섯을 넣어 2~3시간 담가 냉침해 채수를 준비한다. 불린 다시마는 버리고 표고버섯은 사용한다.
2. 감자는 투박하게 썰고, 표고버섯은 슬라이스한다.
3. 냄비에 다시마표고버섯 채수를 붓고 감자를 넣은 후 뚜껑을 덮고 중약불로 10분간 삶는다.
4. 재료를 한데 섞어 양념장을 만든다.
5. ③에 불린 표고버섯 슬라이스를 올리고 양념장을 넣어 국물이 자작해질 때까지 한두 번 저어가며 5분간 졸인다. 불을 끄고 들기름을 두른다.
6. 완성한 요리를 그릇에 담고 깻잎을 얇게 채썰어 수북하게 고명으로 올린다.

TIP 건표고버섯을 냉침하면 깊은 감칠맛이 우러나 찜 국물이 더욱 맛있어져요. 시간이 빠듯할 때는 다시마와 건표고버섯을 약 50℃의 따뜻한 물에 30분간 불려 사용해요.

브로콜리감자샐러드

여름이면 가볍지만 영양 가득한 한끼가 간절해지는 순간이 있죠. 감자는 건강한 탄수화물로 에너지를 채워주고, 브로콜리는 식이섬유가 풍부해 포만감을 오래 유지시켜줘요. 여기에 순두부로 만든 화이트소스를 더하면 단백질까지 갖춘 균형 잡힌 한 접시가 완성됩니다.

재료

감자 2개
브로콜리 1/2송이
소금 약간

화이트소스

순두부 200g(1/2봉지)
깨 3큰술
올리브오일과 레몬즙 1큰술씩
메이플시럽 1작은술
소금과 후춧가루 약간씩

1. 감자는 소금 약간을 넣고 중약불에서 젓가락이 부드럽게 들어갈 정도로 10~15분간 푹 삶는다. 한 김이 식으면 껍질을 까서 깍둑썰어 준비한다.
2. 브로콜리를 한입크기로 잘라 끓는 물에 소금을 약간 넣어 30초 정도 데친다. 곧장 찬물에 헹궈 체에 밭쳐 물기를 제거한다. 브로콜리는 너무 오래 데치면 질겨지니 주의한다.
3. 삶은 감자와 데친 브로콜리를 큰 볼에 담고 준비한 화이트소스를 부어 고루 버무린다. 감자는 식힌 후 소스에 버무려야 형태가 잘 유지된다.
4. 소스가 스며들면 접시에 담아낸다. 취향에 따라 견과류를 토핑하면 고소한 맛이 배가된다.

화이트소스 만들기

1. 볼에 순두부를 넣고 부드럽게 으깬다.
2. 남은 재료를 모두 넣고 핸드블렌더로 부드러워질 때까지 간다.
3. 하루 정도 냉장실에 넣어두면 그 맛이 배가된다.

여름의 열기를 식혀주는
상쾌한 단맛

    좋아하는 셰프의 요리책 마지막 페이지에는 이렇게 쓰여
있다. "겨울에는 토마토를 사지 마세요."
    무더운 여름날, 그 자체로 훌륭한 요리가 되는 토마토!
요즘은 마트에서 사계절 내내 토마토를 사 먹을 수 있지만
맛있는 토마토의 계절은 단연 뜨거운 여름이다.
    따가운 햇살을 머금어 붉게 물든 토마토가 가지에
주렁주렁 매달려 있다. 손으로 가볍게 쥐면 터질 듯이
팽팽한 껍질 아래 달고 촉촉한 과즙이 가득하다. 한입
베어 무니 한여름의 싱그러움이 입안 가득 퍼진다. 신선한
단맛과 은은한 산미가 어우러져 여름의 풍미를 한껏
느끼게 하는 토마토! 설탕을 살짝 뿌린 토마토를 먹으라고
내어주셨던 어린 날의 할머니 손이 떠오르는 날들이
지나가고 있다.
    냉장고에서 차갑게 식힌 토마토를 슬라이스해
올리브오일과 소금을 살짝 뿌리거나, 잘게 썬 토마토를
얼음물에 넣어 시원하게 즐겨 본다. 여름철 지친 몸을
달래는 데에는 토마토만한 것도 없구나 싶다. 늘어지는
여름날, 상쾌한 단맛의 기쁨을 누려보자!

토마토

라구소스와 라따뚜이
보리바질페스토와 연두부카프레제
타불레 쿠스쿠스샐러드
토마토솥밥&달래들기름장

라구소스와 라따뚜이

여름

〈라따뚜이〉는 제일 좋아하는 애니메이션 타이틀이기도 해요. 영화 속에서 주인공 레미가 만든 근사한 라따뚜이를 보고 따라 만들어보았죠. 비건 라구소스를 만들어 그 위에 채소를 겹겹이 올리니 파스타나 빵과 먹어도 좋고 의외로 현미밥과도 잘 어울립니다. 고소한 렌틸콩과 깊은 풍미의 토마토 라구소스를 곁들인 라따뚜이. 오븐에서 구워 더욱 진한 맛을 내는 지중해풍 요리랍니다.

재료

애호박과 가지 1개씩
완숙 토마토 2~3개
건오레가노 1작은술
올리브오일 2큰술
소금과 후춧가루 약간씩
비건 파마산치즈 약간 ○ 선택

토마토렌틸콩 라구소스
시판 토마토퓨레 1컵
렌틸콩 1/2컵
샐러리 1줄기
다진 양파 1개분
다진 마늘 1큰술
올리브오일 2큰술
뉴트리셔널 이스트 2큰술 ○ 선택
건오레가노 1작은술
소금과 후춧가루 약간씩

뉴트리셔널 이스트란?
비건 치즈 대용으로 쓰이는 재료. 고소하고 치즈 풍미가 나는 비활성 효모 가루로 비타민B12를 보충해준다.

토마토 껍질이 얇을수록 당도가 높아

토마토를 생으로 먹을 때 제일 맛있는 계절이 바로 여름입니다. 쥐었을 때 단단하고 매끈하며, 붉은빛이 골고루 퍼져 있는 것이 잘 익은 토마토예요. 들었을 때 묵직하고, 껍질이 얇을수록 즙이 많고 당도가 높아요. 꼭지가 마르지 않고 선명한 녹색을 띠는지도 확인해 보세요.

토마토렌틸콩 라구소스 만들기

1. 렌틸콩은 반나절 불려 중불에 15분간 삶은 뒤 물을 빼서 준비하고, 샐러리는 잘게 썬다.
2. 팬을 중약불로 달구고 올리브오일을 둘러 다진 양파와 다진 마늘을 넣어 천천히 볶는다.
3. 양파가 투명해지면 샐러리를 넣고 2~3분간 더 볶는다.
4. 삶은 렌틸콩, 토마토퓌레, 건오레가노, 뉴트리셔널 이스트, 소금, 후춧가루를 넣고 10~15분간 중약불에서 졸인다.
5. 걸쭉하게 졸여지면 불을 끄고 잠시 식힌다.

1 애호박과 가지, 토마토는 얇게 슬라이스한다.

2 오븐용 그릇에 준비한 라구소스를 바닥에 넓게 펴 바른다.

3 애호박과 가지, 토마토 슬라이스를 번갈아 겹쳐가며 원형으로 배열한다.

4 건오레가노와 소금, 후춧가루를 뿌리고 올리브오일을 살짝 두른다.

5 그 위에 비건 파마산치즈를 뿌린 뒤, 180℃로 예열한 오븐에서 25~30분간 굽는다. 오븐이 없다면 뚜껑 있는 팬에 약불로 익혀도 된다.

6 채소가 부드럽게 익고 치즈가 살짝 녹으면 완성이다.

보리바질페스토와 연두부카프레제

여름

쫀득한 보리와 향긋한 바질페스토, 부드러운 연두부와 상큼한 토마토가 조화를 이루는 건강한 채식 카프레제예요. 저혈당 지수(GI) 곡물인 보리가 들어가 다이어트가 시급할 때 만들어 먹으면 맛과 영양은 물론 포만감까지 있어 기분이 좋답니다.

재료

연두부 1모
토마토 1개
레몬즙 1작은술
소금과 후춧가루 약간씩
올리브오일 1큰술
바질 잎 약간

보리바질페스토
찐 보리 1/2컵
바질잎 1컵
잣 또는 해바라기씨 2큰술
마늘 1쪽
올리브오일 3큰술
레몬즙 1큰술
소금 약간

1 연두부와 토마토를 같은 두께로 슬라이스한다.
2 키친타월로 물기를 살짝 제거한 뒤 레몬즙, 소금과 후춧가루를 뿌려 밑간한다. 연두부의 수분은 충분히 제거해야 더 단단한 식감을 즐길 수 있다.
3 접시에 연두부와 토마토를 교차해서 배열한다.
4 보리바질페스토를 그 위에 올리고 올리브오일을 살짝 두르면 완성이다. 바질 잎으로 장식한다.

보리바질페스토 만들기

1 보리는 반나절 불렸다가 일반 취사로 밥을 짓는다. 한 김 식혀 포크로 풀어 준비한다.
2 블렌더에 바질 잎과 잣 또는 해바라기씨, 마늘, 레몬즙, 소금을 넣은 뒤 올리브오일을 조금씩 넣어가며 부드럽게 갈아 바질페스토를 만든다.
3 바질페스토에 찐 보리를 섞어 가볍게 버무린다.

타불레 쿠스쿠스샐러드

가볍고 상큼한 타불레 쿠스쿠스샐러드는 신선한 토마토와 향긋한 이태리 파슬리, 톡 쏘는 레몬즙이 어우러져 지중해의 맛을 느낄 수 있는 요리예요. 더운 여름날 불 앞에서 요리하기 싫을 때 가볍게 만들기도 좋고 영양이 풍부해 한끼 식사나 곁들임 샐러드로도 좋아요. 지중해 바다를 떠올리며 오늘 점심으로 어떤가요?

재료

토마토 1개
양파 1/4개
쿠스쿠스와 뜨거운 물 1컵씩
곱게 다진 이태리 파슬리 1/2컵

드레싱
레몬즙과 올리브오일 2큰술씩
소금과 후춧가루 약간씩

1. 볼에 쿠스쿠스와 잠길 만큼의 뜨거운 물을 붓고 뚜껑을 덮어 10분간 그대로 두었다가 포크로 살살 저어 뭉쳐진 쿠스쿠스를 풀어준다.
2. 토마토와 양파를 잘게 썬다.
3. 재료를 섞어 드레싱을 만든다.
4. 불린 쿠스쿠스, 잘게 썬 토마토와 양파, 곱게 다진 이태리 파슬리를 드레싱과 가볍게 섞어 실온에서 10~15분간 둔다. 냉장고에서 30분간 숙성시키는 것도 샐러드 맛을 잘 들게 하는 방법이다.
5. 그릇에 담아 시원하게 즐긴다. 바게트나 피타 브레드와 함께 먹어도 좋다.

여름

TIP 쿠스쿠스는 일반 밀보다 입자가 작고 부드러워 소화가 잘 되고 부담이 적어요. 포만감이 높으면서도 칼로리가 낮죠. 쿠스쿠스를 불릴 때 물 대신 뜨거운 채수(베지스톡)를 사용하면 풍미가 더욱 깊어져요.

토마토솥밥 & 달래들기름장

여름

올리브와 양송이버섯으로 깊은 감칠맛을 낸 토마토솥밥에 향긋한 달래와 들기름장을 곁들였어요. 한식과 지중해풍의 조화로운 맛을 솥밥으로 표현했죠. 여름밤의 근사한 저녁식사로 어울리는 요리랍니다. 따뜻한 밥과 함께 먹는 토마토는 위장을 보호하고 소화를 돕는 효과가 있어요.

재료

밥짓기(불린 쌀과 물 1컵씩)
토마토 1개
양송이버섯 4~5개
올리브 5~6개
소금 약간
들기름 한 방울 ○ 선택

달래들기름장
달래 한 줌
간장 1.5큰술
통들깨 1큰술
들기름 1큰술
식초 1작은술
매실청 1작은술 ● 281P 참고

1. 쌀을 깨끗이 씻고 30분 정도 불렸다가 물기를 뺀 뒤 솥에 담는다. 쌀을 불릴 때 채수(베지스톡)을 사용하면 깊은 감칠맛이 난다.
2. 토마토는 칼로 십자모양을 내고, 양송이버섯과 올리브는 슬라이스한다.
3. 솥에 토마토, 양송이버섯, 올리브를 올리고 쌀과 동량의 물을 붓는다.
4. 소금을 넣어 뚜껑을 덮은 뒤 중약불에서 10분, 약불에서 5~7분 끓였다가 그대로 10분간 뜸들인다. 이때 들기름 한 방울을 넣으면 고소한 풍미가 올라온다.
5. 완성한 솥밥을 그릇에 담고 달래들기름장을 올린다. 솥밥에 뿌려 그대로 즐겨도 좋다.

달래들기름장 만들기

1. 달래는 3~4cm 길이로 썬다. 달래 대신 쪽파나 부추를 사용해도 좋다.
2. 볼에 달래를 제외한 재료를 모두 넣고 섞는다.
3. 들기름장에 달래를 넣고 가볍게 버무린다.

아카시 꽃향에 취하는 아침

어제까지는 내내 비가 왔는데 오늘은 눈부시게 아름다운 날이다. 장아찌로 담글 아카시를 품 안 가득 따와 살랑살랑 씻어 여름볕에 말려둔다. 공간 가득 채운 아카시 향에 덩달아 기분이 좋아지는 아침. 아카시장아찌를 초밥에 올릴 생각을 하니 벌써 설렌다.

여름

"무엇을 할 때 즐거운가요?"

종종 이런 질문을 받는다. 그럴 때마다 내 입가에 맴도는 말들은 비슷하다. 요리를 하면서 향긋한 냄새를 맡거나 잘 잘린 채소의 아름다운 단면을 볼 때, 그리고 정성껏 만든 음식을 나눠 먹으며 사람들 얼굴에 편 미소를 바라볼 때.

나는 유난스러울 정도로 밥을 짓고 나눠 먹는다. 내게 밥은 생존이기도 하지만 여전히 사람과 사람을 잇는 다리 같다. 맛있는 걸 정답게 나누어 먹으며 따스히 웃게 되는 마법 같은 순간들을 사랑한다.

밥은 내가 표현할 수 있는 사랑의 도구나 다름없다. 그래서 요리라는 행위가 난 참 좋고, 그 마음을 담아 산동네에서 채소요리를 하는 게 꿈만 같다. 아직도 내가 얼마를 버는지 얼마를 지출하는지 모르는, 숫자와 거리가 먼 운영을 하고 있지만 그럼에도 난 충분히 행복하다.

켜켜이 쌓은 시간의 맛

발효를 통해 얻는 맛은 켜켜이 쌓은 시간의 맛과 같다. 곡물과 열매가 시간과 어우러져 깊은 맛이 되어가듯, 항아리 속 고요한 변화를 바라보며 나도 함께 익어간다. 직접 기르는 허브와 발효 소금, 발아시키는 쌀알 한 톨, 그리고 제철의 가장 향긋하고 맛있는 채소와 과일들. 한 접시의 음식이 나오기까지 정말 많은 시간과 마음이 쌓여간다.

자연과 사람을 잇는 요리를 한다는 것

가끔은 트렌드와 자연스러운 요리 사이에서 딜레마에 빠지기도 한다. 하지만 씨앗에서부터 애쓰는 채소, 땀 흘리는 농부, 불 앞에서 요리하는 요리사, 정성스럽게 요리를 내어드리는 것 모두에 감사와 존중을 잊지 않는 것에는 변함이 없다. 나는 그저 자연과 사람을 잇는 요리를 내고 그것을 통해 정답게 사랑을 나누고 싶을 뿐이니까. 오늘도 자연과 그 리듬에 더 귀기울이기로 한다.

볕 아래 묵묵히 자라난
보랏빛 세상

가지 꽃은 소박하지만 꽃이 피기 시작하면 그 아래에
여러 개의 열매가 주렁주렁 달린다. 한 그루에서 끊임없이
열리는 가지는 심어두기만 하면 몇 달 동안 풍성하게
수확할 수 있으니, 가성비 좋은 채소라 할 만하다.
  특히 여름 가지는 수분 함량이 90%에 이를 만큼 수분이
많아서 더위에 지친 몸을 식혀주고 풍부한 식이섬유로
소화를 돕는다. 항산화 효과를 내는 가지 속 안토시아닌
성분이 더운 날의 피로 회복에도 도움을 준다. 시원한 가지
요리를 곁들이면 여름철 무더위를 수월하게 보낼 수 있다.
  구워도 좋고, 튀겨도 좋고, 조려도 맛있는 변화무쌍한
가지! 가지가 무르익을수록 더 깊은 맛을 내는 요리들이
떠오른다. 가지찜을 만들어도 좋고, 구운 가지를
올리브오일과 허브에 버무려 샐러드를 만들어도 좋다.
이렇게 다양한 방법으로 가지를 요리할 때마다 나는 매번
새로운 맛을 발견한다. 매일같이 가지를 따고, 또 새로운
조리를 시도하는 과정 자체가 계절을 즐기는 하나의
방법이 된다.

마리네이드 가지부로스게타
바바가누쉬 [중동식 가지딥스]
어향가지소타일 가지튀김
가지냉국

가지

마리네이드 가지부르스게타

여름이 제철인 가지를 어떻게 요리해 먹을까 고민하다 만든 치트키 같은 메뉴입니다. 마리네이드한 가지를 바게트 위에 올려 지중해식으로 만들었어요. 올리브오일에 절여 부드러워진 가지에 향긋한 허브, 매콤한 크러시드 레드페퍼의 맛과 향이 잘 어울리죠. 샌드위치에 넣거나 잎채소 위에서 무심하게 툭툭 올려 먹어도 맛있습니다. 남은 가지오일절임은 샐러드, 파스타, 샌드위치에 활용해요.

재료 유리병 500ml 분량

가지 2개
바질 한 줌
다진 마늘 1큰술
건파슬리 1작은술씩
크러시드 레드페퍼 1작은술 ○ 선택
소금과 통후추 약간씩
올리브오일 1컵

부르스게타
바게트 1개
가지오일절임

1. 가지는 오일이 잘 배도록 너무 두껍지 않게 0.5cm 폭으로 길게 슬라이스한다. 소금 1작은술을 뿌려 20~30분간 절였다가 키친타월로 꼭 짜서 물기를 제거한다.
2. 물기를 꼭 짠 가지는 달군 마른 팬에 앞뒤 노릇하게 구워 한 김 식힌다.
3. 바질을 잘게 찢어 볼에 구운 가지, 다진 마늘, 건파슬리, 크러시드 레드페퍼, 소금, 통후추와 함께 넣고 가볍게 버무린다.
4. 소독한 유리병에 차곡차곡 담고, 올리브오일을 재료가 완전히 잠기도록 붓는다.
5. 뚜껑을 닫고 냉장고에서 최소 12시간 숙성시켰다가 먹는다. 12시간 이상 숙성시켜야 올리브오일이 충분히 스며든다.

부르스게타 만들기

1. 바게트를 먹기 좋은 두께로 슬라이스한다.
2. 기름을 두르지 않은 마른 팬이나 오븐(180℃/7분)에서 바게트를 바삭하게 굽는다.
3. 그 위에 숙성된 가지오일절임을 올려 즐긴다.

가지는 크기보다 무게가 중요

가지를 고를 때는 진한 보라색에 주름 없이, 만졌을 때 단단하고 탄력이 있는지를 살펴요. 크고 통통한 것보다는 길이가 적당하고 묵직한 것이 맛과 식감이 더 좋습니다. 너무 큰 가지는 씨앗이 있을 수 있으니 피해요. 크기보다는 무게감이 가지의 밀도를 보여주는 지표랍니다.

껍질을 완전히 태운 가지로 만들어 스모키향이 가득한 딥핑이에요. 유학생 시절 레바논 식당에서 처음 먹어 보았던 바바가누쉬를 떠올리며 만들었죠. 올리브오일과 허브가 더해져 고소하고 깊은 맛이 나요. 피타 브레드와 함께 즐겨도 좋고 샌드위치의 스프레드로 발라 먹어도 훌륭하답니다.

바바가누쉬 중동식 가지딥스

여름

재료

가지 2개
참깨 2큰술 또는 타히니 1큰술
마늘 1쪽
올리브오일 2큰술
레몬즙 1.5큰술
큐민가루 1/2작은술
소금 약간

토핑

파프리카가루 1작은술
이태리 파슬리 잎 약간
올리브오일 약간

1. 가지를 통째로 석쇠에 직화로 굽거나 오븐(220℃/20~25분)에서 껍질을 태운 듯한 느낌이 들 때까지 굽는다. 한 김 식으면 껍질을 벗기고 속만 긁어낸다.

2. 블렌더에 구운 가지, 참깨, 마늘, 올리브오일, 레몬즙, 큐민가루, 소금을 넣고 곱게 간다. 이때 약간의 질감이 남아 있는 게 좋다.

3. 완성한 바바가누쉬를 그릇에 담고 숟가락으로 둥글게 펴서 모양을 잡는다. 올리브오일을 살짝 두르고 파프리카가루와 이태리 파슬리 잎을 뿌려 마무리한다. 부드러운 질감을 원하면 올리브오일을 조금 더 추가한다.

어향가지스타일 가지튀김

여름

바삭하게 튀긴 가지에 두반장 대신 된장과 고추장으로 만든 소스를 버무리면 반찬으로, 술안주로 인기 만점입니다. 건강하게 즐기고 싶다면 튀긴 가지를 오븐(180℃/5분)이나 에어프라이어(160℃/3분)에 한 번 더 구워요. 기름기가 빠지면서 담백해져요.

재료

가지 2개
튀김옷(밀가루·얼음물 1/2컵씩)
전분 1/2컵
소금 약간
튀김용 식용유 적당량
쪽파 약간

비건 어향소스
다진 파 2큰술
다진 마늘 1큰술
다진 생강 1작은술
비건 굴소스 1.5큰술 ● 278P 참고
간장과 식초 1큰술씩
된장과 고추장 1/2큰술씩
조청과 현미유 1큰술씩
고춧가루 1작은술씩 ○ 선택
전분물(전분 1작은술+물 2큰술)
물 1/2컵

1 가지는 두툼하게 어슷썰어 소금을 살짝 뿌린 후 5분간 절였다가 키친타월로 물기를 제거한다.
2 동량의 밀가루와 얼음물을 섞어 튀김옷을 만든다.
3 물기를 제거한 가지에 전분을 가볍게 묻히고 튀김옷을 입혀 170~180℃로 달군 기름에서 바삭하게 튀긴다. 체에 밭쳐 기름을 뺀다.
4 접시에 튀긴 가지를 담고, 그 위에 뜨거운 어향 소스를 골고루 뿌린다.
5 쪽파를 송송 썰어 올리면 완성이다.

여름

비건 어항소스 만들기

1. 팬을 중불로 달궈 현미유를 두른 뒤 다진 파, 다진 마늘, 다진 생강을 넣고 볶는다.

2. 향이 올라오면 비건 굴소스, 간장, 된장, 고추장, 식초, 조청, 고춧가루를 넣고 가볍게 섞는다.

3. 물 1/2컵을 붓고 한소끔 끓이다 전분물을 넣고 농도를 조절해 걸쭉하게 만든다. 전분물을 너무 많이 넣으면 소스가 뻑뻑해질 수 있으니 조금씩 넣어가며 조절한다.

가지냉국

여름

냉국하면 오이냉국을 떠올리기 쉬운데 가지로도 냉국을 만들 수 있어요. 쯔유를 곁들여서 만든 가지냉국은 오이를 싫어하는 사람에게 안성맞춤이죠. 식초와 매실액이 들어간 냉국 국물은 피로 회복과 입맛 돋우는 데 도움이 돼요.

재료

가지 2개
청양고추와 홍고추 1개씩
쪽파 2줄기
참깨 약간 ○ 선택

냉국 채수

다시마 1조각(5×5cm)
물 2컵
비건 쯔유 2큰술 ● 279P 참고
식초 1.5큰술
매실액 또는 조청 1큰술
소금 약간

1. 가지를 적당한 길이로 잘라 찜기에 올려 5~7분간 찐다. 가지를 너무 오래 찌면 흐물거려 식감 유지가 어렵다. 한 김 식힌 가지는 결대로 찢고 물기를 살짝 짜서 준비한다.
2. 고추는 얇게 슬라이스하고 쪽파는 송송 썬다.
3. 볼에 다시마와 물 2컵을 넣고 10분 우린 후 다시마를 건진다. 비건 쯔유, 식초, 매실액, 소금을 섞은 후 냉장고에서 30분 이상 차갑게 식힌다.
4. 그릇에 찐 가지를 담고 고추와 쪽파를 올린다.
5. 차가운 냉국 채수를 부으면 완성이다. 얼음을 추가하면 더 시원하게 즐길 수 있다.

TIP 싱싱한 가지일수록 꼭지 부분의 가시가 돋아 있을 수 있어요. 가지로 요리를 할 때는 반드시 고무장갑을 끼고 꼭지 부분부터 제거하고 시작하세요. 가시가 작다는 생각에 맨손으로 손질하다가 찔리면 생각보다 통증이 꽤 남아요.

은은한 단맛에
미소가 번지다

　어릴 적 부엌에서 들려오던 익숙한 소리. 지글지글~ 엄마가 부치던 애호박전이 노릇하게 익어갈 때면 기름 위로 퍼지는 고소한 냄새가 집 안을 가득 채웠다. 식사시간까지 못 참고 쟁반에 가지런히 놓인 전을 손으로 집어 먹었던 기억이 난다. 전이라는 것이 원래 부치자마자 먹는 게 제일 맛있어 한 입, 두 입, 먹다보면 정작 접시 위에 올릴 전이 별로 없다. 여름이면 자주 부쳐주던 엄마의 애호박전이, 이제는 내 손끝에서 노릇하게 익어간다.
　애호박은 여름철 식탁에서 빼놓을 수 없는 채소다. 가격도 저렴하고 조리도 간편해 더운 날씨에 부엌에서 오래 머물지 않아 좋다. 수분이 많아 촉촉한 식감이 살아 있고, 은은한 단맛 덕분에 어떤 요리와도 잘 어울린다. 비타민C와 베타카로틴 함유량이 높아 면역력을 높이고 항산화 작용을 하는데, 속이 부드러워 소화도 잘 되고 따뜻하게 익히면 아이들도 좋아하는 순한 맛이 난다.
　어릴 적 엄마가 만들어주던 애호박전처럼 오늘도 노릇하게 부쳐 본다. 간장에 콕 찍어 한입 베어 물면 여름날 부엌에서 들려오던 지글거리던 소리와 엄마의 손맛이 떠오른다.

애호박군만두
애호박선
애호박전 & 부추장
애호박순두부

애
호
박

애호박군만두

여름

만두를 너무 좋아하는데 만둣집에서는 채식 만두를 팔지 않으니 종종 손만두를 빚어요. 만두를 빚다보면 어느 순간 명상을 하듯 아무 생각도 들지 않는 무아지경에 빠지게 됩니다. 혼자보다는 식구들과 다 같이 모여 만두를 빚어봐요. 담백해서 계속 손이 가는 애호박만두! 무쇠팬에 구우면 겉은 바삭하고 속은 촉촉한 완벽한 식감의 만두가 완성됩니다.

재료

만두피 12장
애호박 1/2개
두부 1/2모
부추 한 줌
표고버섯 3개
청양고추 1개
참기름과 식용유 1큰술씩
소금과 후춧가루 약간씩

양념장
간장 2큰술
식초 1큰술
고춧가루 1/2작은술
통깨 약간

연두빛의 가늘고 흠 없는 게 좋아

애호박을 고를 때는 표면이 매끈하고 상처나 흠이 없는 것이 좋으며, 색은 연한 연두빛이 돌고 꼭지가 싱싱한 것을 골라요. 흠이 있으면 쉽게 상할 수 있답니다. 크기는 너무 크고 굵은 것보다는 손에 쥐었을 때 적당히 묵직하고, 길이 15cm 내외의 단단한 것이 좋아요.

여름

1. 애호박은 곱게 채썰어 소금을 살짝 뿌린 뒤 5~10분 두었다가 손으로 물기를 꼭 짠다. 그래야 만두소가 질척이지 않는다.
2. 두부는 키친타월로 감싸 물기를 최대한 제거한 후 으깨어 준비한다.
3. 부추는 잘게 썰고, 표고버섯과 청양고추는 잘게 다진다.
4. 볼에 애호박, 두부, 부추, 표고버섯, 청양고추, 소금, 후춧가루, 참기름을 넣고 잘 섞는다. 만두소가 뭉쳐질 수 있도록 손으로 가볍게 치댄다.
5. 만두피 한 장을 손에 올리고 가운데 만두소 적당량을 올린다. 테두리에 물을 살짝 묻힌 후 반달 모양으로 접어 꼼꼼하게 붙여 주름잡는다.
6. 무쇠팬을 중약불로 달궈 식용유를 두른 후 만두를 올려 바닥이 노릇해질 때까지 굽는다. 약불에서 천천히 구워야 바삭한 식감을 만들 수 있다.
7. 양념장을 만들어 곁들인다.

애호박선

부드러운 애호박 속에 고소한 두부 소를 채워 찜기에 쪄낸 담백한 사찰요리예요. 애호박에 두부로 속을 채워 찜기에 쪄내면 애호박의 은은한 단맛과 촉촉한 두부의 고소함이 조화롭게 어우러지죠. 이 계절 가장 많이 나는 채소를 몸에 무리 없는 조리법으로 만든 정갈한 요리입니다. 두부의 물기를 꼭 짜는 게 중요해요.

재료

애호박 1개
두부 1/2모
참기름과 참깨 1작은술씩
소금과 후춧가루 약간씩
전분 2큰술
무순 약간

양념장 ○ 선택

진간장과 물 2큰술씩
다진 마늘 1작은술
현미식초와 참기름 1작은술씩
볶음참깨 약간

1. 애호박을 엄지손가락 길이로 잘라서 속을 칼과 숟가락으로 살살 긁는다.
2. 속을 파낸 애호박에 소금을 살짝 뿌려 5분간 두었다가 키친타월로 물기를 제거한다.
3. 면보에 두부를 올려 물기를 꾹 짜고 참기름과 참깨, 소금, 후춧가루를 넣고 고루 버무려 두부소를 만든다.
4. 애호박 속에 두부소를 가득 채운 뒤 전분을 살짝 묻혀 찜기에 올린다. 전분을 묻혀 찌면 애호박의 결이 살아나면서 윤기가 돌고, 더 깔끔한 비주얼이 완성된다.
5. 뚜껑을 닫고 센불에서 10분, 중불에서 5분 쪄서 완성한다.
6. 접시에 담고 무순을 고명으로 올려 마무리한다. 따뜻하게 먹어도 좋고, 한 김 식혀 차갑게 먹어도 색다른 맛이 난다. 양념장을 곁들여도 좋다.

여름

애호박전 & 부추장

여름

무쇠팬에 노릇하게 구운 애호박과 향긋한 부추장의 조화. 어릴 때는 달걀옷을 입힌 애호박전을 좋아했는데 무쇠팬에 애호박만 그대로 구워도 매력이 있다는 것을 알게 되었어요. 애호박 특유의 단맛이 극대화되죠. 고소하게 구운 애호박에 새콤짭짤한 부추장을 곁들이면 감칠맛이 가득해요.

재료

애호박 1개
소금 약간
식용유 1큰술

부추장
부추 한 줌
홍고추와 청고추 1개씩
간장 2큰술
식초 1큰술
매실청 또는 조청 1큰술
참기름 1작은술
고춧가루 약간 ○ 선택

1. 애호박은 0.5cm 두께로 동그랗게 썰고 소금을 약간 뿌려 5분간 두었다가 키친타월로 물기를 제거한다. 소금을 뿌렸다가 물기를 제거하면 수분이 빠져 더 탄력 있는 식감이 된다.

2. 무쇠팬을 중약불로 달궈 식용유를 두르고 애호박을 앞뒤 2~4분씩 노릇하게 굽는다.

3. 부추장을 준비한다. 부추와 홍고추, 청고추를 잘게 썰어 볼에 담고, 남은 재료를 모두 넣어 섞는다. 부추장은 미리 만들어두면 양념이 더 깊이 배어 풍미가 좋아진다.

4. 노릇하게 구운 애호박을 접시에 담아 부추장을 한 스푼 올려 곁들인다. 남은 부추장은 국물요리나 비빔밥 소스로 활용한다.

반드시 물기 제거해 보관하기
애호박은 수분에 약한 채소예요. 애호박을 보관할 때는 반드시 물기가 완전히 제거되었는지 살펴봐야 해요. 물기에 닿으면 애호박이 물러지기 쉽습니다. 물기 없이 신문지나 키친타월에 싸서 냉장보관해요.

애호박을 살짝 볶아 올린 순두부 요리는 아이들 이유식으로도 먹일 수 있을 만큼 가볍고 담백해 속을 편안하게 해주는 따뜻한 음식이죠. 단순한 맛이 주는 위로랄까. 별거 없지만 그대로 따뜻하고 포근한 애호박순두부 만들어보아요. 따뜻하게 먹어도 좋고, 냉장고에 잠시 두었다가 차갑게 먹어도 맛있어요.

애호박순두부

여름

재료

애호박 1/2개
몽글몽글 순두부 450g(1팩)
다진 마늘 1/2작은술
소금과 후춧가루 약간씩
식용유 1작은술
물 1/2컵
참기름 1큰술
참깨 약간

1. 애호박은 적당한 두께로 채썬다.
2. 중약불로 달군 팬에 식용유를 두르고 다진 마늘을 볶다가 채썬 애호박을 넣고 1~2분 가볍게 볶는다. 소금과 후춧가루를 살짝 뿌려 간을 맞춘 후 불을 끈다.
3. 냄비에 몽글몽글 순두부와 물 1/2컵을 넣고 끓인다.
4. 순두부 위에 볶은 애호박을 올려 마무리한다. 먹기 직전에 참기름과 깨를 뿌리면 완성. 간장을 살짝 곁들이면 감칠맛이 더욱 풍부해진다.

TIP 애호박 요리를 할 때는 조리시간에 주의해야 해요. 속이 부드러워 너무 오래 볶으면 물이 생기기 쉽답니다. 살짝만 익혀야 식감이 좋아요.

비로소 나를 들여다보는
고요한 산책

가을,

선선한 바람이 전하는
내면의 목소리

가을

저녁 해가 점점 짧아지고, 바람에 실린 공기가 한층 서늘해졌다. 마당에 있는 나무들도 서서히 빛깔을 달리하며 잎을 떨굴 준비를 하는 가을. 나도 이 계절 무엇을 내려놓을지를 천천히 바라본다. 산과 바다로 나가 자연과 연결되는 시간을 갖느라 미처 내면의 소리에 귀기울이지 못했던 여름을 뒤로하고 어느새 가을이 왔다. 들뜨는 마음이 가라앉으니 자연스럽게 마음의 자리로 돌아가고 있는 중이다. 발산의 에너지에서 다시 수렴의 에너지로 돌아서는 시기라서 그런지 어두운 겨울보다는 계절이 변하는 가을에 마음의 변화 폭이 큰 편이다.

가을이 깊어질수록 우리의 몸과 마음도 자연의 변화에 민감하게 반응한다. 선선한 공기는 신체의 열을 빠르게 식히고, 피부는 건조해지며, 면역력도 낮아지기 쉽다. 일조량이 줄어들면서 세로토닌 분비가 감소해 가을이 오면 우울한 감정을 느끼는 사람들이 많다. 나 또한 그 변화를 선명하게 느끼는 사람 중에 하나로, 매해 찾아오는 계절성 우울감을 문제시 하지 않고 수용하며 내면으로 파고드는 정서를 자연스럽게 받아들인다.

나를 돌보는 데 좀 더 시간을 쓰게 되는 가을. 나를 위한 따뜻한 차를 정성스럽게 내리기도 하고, 미뤄뒀던 책도 읽고, 고요한 시간을 통해 내면을 채우는 것에도 주의를 기울이며 가을의 나날들을 지혜롭게 보낸다.

오늘도 부지런히 곶자왈 가을 숲을 거닐다가 촉촉한 공기 속에서 자란 버섯 포자가 땅의 향을 가득 품고 피어나는 것을 발견했다. 새벽녘 숲을 거닐다보면 바위틈, 낙엽 사이, 오래된 나무 밑동에서 조용히 얼굴을 내민 버섯을 자주 만나게 된다. 크고 작은 갓을 펼친 모습이 꼭 작은 우산을 닮았다. 가을 숲은 역시 버섯의 계절이다. 한라산 중턱에서 자라나는 향이 좋은 표고버섯을 살 기회가 다가오니 설레지 않을 수 없다.

몸이 따뜻함을 찾고, 마음이 안정감을 원할 때 우리는 자연스럽게 온기를 주는 음식을 찾게 된다. 부엌에서는 가을의 기운을 닮은 요리가 천천히 익어간다. 도마 위에서 리듬 있는 칼질 소리, 볶아지는 채소의 따뜻한 향, 그리고 익숙한 손길이 만들어내는 가을의 맛이 듬뿍 담긴 요리들. 이 계절에 우리가 먹는 음식이 단순한 영양보충을 넘어 몸과 마음을 균형 있게 조절하는 역할을 한다는 것을 안다.

사과는 풍부한 섬유질과 비타민C로 몸을 보호하고, 당근은 베타카로틴을 함유해 피부와 눈 건강을 지켜준다. 버섯은 면역력을 높이고 몸을 따뜻하게 만들어 가을철 감기 예방에도 좋다. 따뜻한 수프 한 그릇을 끓이며, 나는 가을의 맛을 조용히 음미하는 것을 즐긴다. 분주했던 여름날이 가고, 불 앞에서 퍼지는 향이 하루의 고단함을 잊게 하면 '가을이 왔구나'하고 알아차린다.

가을

   마당에는 어제보다 더 많은 낙엽이 쌓여 있다. 나는 한 알의 사과를 천천히 씻고, 가을의 단단함을 먹는다. 풍요로운 수확의 계절 속에서 우리는 더 깊이 우리에게 오는 음식을 음미하고, 그 과정에서 자연이 주는 선물을 감사하게 여긴다. 무엇 하나 서두를 것 없이 변화하는 가을은 고정된 것이 없는 세상의 이치를 가장 선명하고 세심하게 일러준다. 그래서인지 서늘한 바람이 불자 창밖 풍경을 물끄러미 바라보는 시간이 많아졌다. 나무들이 잎을 떨구며 가벼워지듯, 나 역시 불필요한 것들을 덜어내며 새로운 계절을 준비하고 있다.

   해가 지고 어둠이 내려앉을 때쯤이면 창밖의 나무들은 검붉은 실루엣으로 남는다. 바람이 나뭇가지를 흔들 때마다 잎들은 마치 천천히 이별을 준비하는 듯하다. 우리는 그렇게 매일 같은 자리에서, 익숙한 하늘을 올려다보며 새로운 하루를 맞이하지만 단 하루도 같은 날이 없다. 부엌 창가에 앉아 따뜻한 차를 한 모금 머금으며, 가을이 전하는 메시지를 천천히 듣는 것에도 소홀함이 없다.
   침묵 속에서 스스로를 바라보는 일과 흘러가는 것들에 대한 담담한 수용을 알아차리기에 좋은 계절이다. 풍요와 사색이 공존하는 이 계절, 부엌에서 천천히 끓어가는 냄비 속처럼 삶도 그렇게 천천히 익어간다.

햇살 아래 아삭하게 여문,
가을의 첫입

아침 공기가 차가워질수록 사과의 맛이 깊어졌다. 한입 베어 물면 아삭거리는 소리와 함께 달콤한 사과즙이 입안을 가득 채운다. 이 계절의 사과는 그 어느 때보다 싱그럽고 향기롭다.

사과 한 조각이 하루의 시작을 더 활기차게 만들어줘서일까. 아침에 먹을 사과를 준비하는 것이 이제는 하루를 여는 작은 의식처럼 느껴진다. 사과는 비타민과 식이섬유가 풍부해 몸을 깨우고 피로를 풀어주는 자연의 에너지원이다. 바쁜 아침에도 잊지 않고 가볍게 사과를 먹으면 속이 편안해지고 몸이 가뿐해진다.

한동안 저장 사과를 먹다가 햇사과를 먹는 날이 오면 드디어 가을이 왔구나 알아차린다. 가을의 햇사과는 껍질이 얇아서 먹는 즐거움이 더 크다.

하루의 시작을 맑고 상쾌하게 하고 싶다면 가을 아침 사과 한 조각을 추천한다. 친숙하지만 언제나 새로운 맛을 주는 사과처럼, 가을이 우리에게 전하는 작은 기쁨을 놓치지 말자.

사과시나몬구이
사과당근 그린샐러드
사과감말랭이 고추장무침
사과당근양배추 샌드위치

사과

사과시나몬구이 가을

밀가루가 들어간 파이는 먹고 싶은데, 밀가루 끊기를 실천 중인 분들게 추천하는 디저트예요. 팬에서 조린 사과는 자연스러운 단맛이 살아나죠. 원당과 시나몬가루, 고소한 비건 버터를 더해 은근한 불에서 부드럽게 익히면 속은 촉촉하고 겉은 윤기 나는 디저트가 완성됩니다. 마무리 단계에서 캐슈크림과 애플민트를 곁들여요.

재료

사과 1개
비건 버터 1작은술 • 276P 참고
원당 1큰술
시나몬가루 1/2작은술
애플민트 약간

캐슈크림(6큰술 분량)
캐슈너트 1/2컵
레몬즙 1작은술
메이플시럽 1작은술 ○ 선택
소금 한 꼬집
물 3큰술

1   사과는 반 잘라 슬라이스한다. 단맛이 강한 품종인 부사나 핑크레이디를 사용하면 더욱 맛있다.

2   팬을 중약불로 달구고 슬라이스한 사과를 올린다.

3   ② 위에 비건 버터, 원당, 시나몬가루를 넣고 약불에서 5~10분간 뒤집어가며 조린다. 센불에서는 타기 쉬우니 반드시 약불에서 천천히 조린다.

4   사과가 부드러워지면 접시에 담고 캐슈크림 2큰술을 곁들인다. 캐슈크림은 우유 대신 식물성 지방을 공급해 소화에 부담을 덜어준다.

5   소화를 돕는 상큼한 애플민트를 장식으로 올려 완성한다.

아오리 → 홍로 → 부사

가을 사과는 품종별로 맛의 개성이 뚜렷해서 원하는 맛에 따라 고르는 재미가 있어요. 사과 품종은 크게 3개로 나눌 수 있는데 아오리→홍로→부사 순으로 출시됩니다. 아오리는 여름부터 초가을 사이에 수확하는 사과로 새콤한 맛이 강하고 아삭합니다. 9월초에 수확하는 홍로는 과즙이 풍부하고 단단하면서도 부드럽죠. 대표적인 가을 사과인 부사는 10월 중순부터 11월 사이에 수확합니다. 저장성이 좋고 단맛이 강해요.

가을

캐슈크림 만들기

1 캐슈너트는 3시간 이상 물에 담가 불린다.

2 불린 캐슈너트를 물기 제거 후 블렌더에 넣는다.

3 레몬즙, 메이플시럽, 소금, 물을 넣고 원하는 농도가 될 때까지 곱게 간다.

아삭한 사과와 달큰한 당근을 채썰어 향긋한 머스터드 드레싱에 버무린 후 신선한 녹색 잎채소 위에 올린 상큼한 샐러드예요. 철분과 엽산이 풍부한 녹색 잎채소에 비타민과 항산화 성분의 재료들을 더해 영양 균형을 맞췄어요. 지방 함량이 낮은 머스터드 드레싱을 사용해 다이어트 식단으로도 훌륭해요.

사과당근 그린샐러드

가을

재료

사과와 당근 1/2개씩
비트 1/4개
루꼴라 또는 로메인 등
잎채소 1컵

샐러드 드레싱
홀그레인 머스터드 1큰술
레몬즙과 올리브오일 1큰술씩
발사믹식초 1작은술
소금과 후춧가루 약간씩

1. 사과, 당근, 비트를 적당한 두께로 채썬다. 당근은 채썰기 전에 소금물에 살짝 담갔다가 사용하면 아삭한 식감을 유지할 수 있다.
2. 샐러드 드레싱 재료를 골고루 섞는다.
3. 접시에 잎채소, 당근채, 비트채, 사과채를 순서대로 올리고 드레싱을 뿌린다.

**사과의 색은
고르게 퍼진 것이 좋아**
사과를 고를 땐 껍질이 매끈하고 단단하며, 색이 고르게 퍼진 것이 좋아요. 꼭지 부분이 마르지 않고 들어간 부위가 단단한지도 확인하세요. 손에 쥐었을 때 묵직하고 단단하면 수분이 풍부하고 과육이 아삭합니다.

사과감말랭이 고추장무침

쫀득한 감말랭이와 자연스럽게 건조된 사과로 만든 간단한 무침요리예요. 매콤달콤한 고추장 양념에 버무려 반찬으로도 손색없죠. 집에서 담근 막걸리와 먹으면 환상적인 페어링을 선사합니다. 사과는 자연 건조해 요리하면 향과 식감이 더 살고, 사과의 수분이 빠지면서 식이섬유와 영양소가 더욱 농축되어 장 건강에도 도움을 줍니다.

재료

사과 1/2개
감말랭이 5개
구운 피스타치오 2큰술

양념
고추장 1큰술
매실청 1큰술 • 281P 참고
참기름 1작은술

1. 사과는 슬라이스해 바람이 잘 통하는 그늘에서 깨끗한 건조망 위에 올려놓고 2~3일 말린다. 건조기 사용시엔 60℃/6~8시간 건조시킨다.
2. 감말랭이는 한입크기로 자른다. 감말랭이가 너무 딱딱하면 살짝 찬물에 담갔다가 사용하면 부드러워진다.
3. 볼에 말린 사과와 감말랭이, 양념 재료를 모두 넣고 조물조물 버무린다.
4. 접시에 담고 구운 피스타치오를 곱게 빻아 솔솔 뿌려낸다. 피스타치오를 살짝 볶아 사용하면 더욱 고소한 풍미가 산다.

가을

아삭한 사과, 달콤한 당근, 부드러운 양배추를 채썰어 비건 마요네즈에 버무려 통밀식빵으로 샌드위치를 만들었어요. 식이섬유가 풍부하고 칼로리가 낮아 다이어트에도 탁월해, 가볍지만 영양 가득한 식사를 원하는 사람들에게 추천해요. 비건 마요네즈 대신 비건 요거트를 사용하면 더욱 상큼한 맛을 낼 수 있어요.

사과당근양배추 샌드위치

가을

재료

통밀빵 2장
사과 1/2개
당근 1/3개
양배추 1/4개
비건 마요네즈 2큰술 • 277P 참고
소금과 후춧가루 약간씩

1. 사과와 당근, 양배추는 곱게 채썰어 볼에 담는다. 너무 얇게 썰면 사과의 아삭함이 사라지니 주의한다. 양배추는 채썰어 소금에 살짝 절였다가 물기를 제거하면 더 부드러워진다.
2. ①에 비건 마요네즈, 소금, 후춧가루를 넣고 고루 버무린다.
3. 구운 통밀빵 한 장 위에 버무린 재료를 듬뿍 올리고, 나머지 빵을 덮어 샌드위치를 만든다. 견과류를 추가하면 고소함과 씹는 맛을 더할 수 있다.

**일교차가 클수록
사과의 당도도 높아져**

가을이면 경북 청송 산간지역 사과를 즐겨 먹어요. 일교차가 큰 지역에서 자라 달콤하고 아삭함이 최고죠. 사과 속 당분은 천연 성분으로 몸에 무리를 주지 않고 좋은 에너지원이 되어요.

가을

햇볕도 좋고 바람도 좋은 날

밭에서 거둔 채소를 말리기에 더없이 좋은 날이다. 요행을 바라지 않고 하루하루 소소한 웃음을 찾으며 사는 지금 이 순간이 더할 나위 없이 좋다. 내 생에서 가장 찬란한 순간이 바로 지금, 이 찰나!

뚝딱뚝딱 구운 사과파이는…

한살림 통밀가루와 코코넛오일을 넣어서 파이지를 만들고 시나몬과 유기농 원당을 넣어 조린 햇사과 필링. 유기농 캐슈너트와 애플사이다 비네거를 넣어 만든 크림을 얹어 먹는 사과파이 맛이란! 만들고 보니 유럽 할머니 스타일이네.

숲의 향기가 가득,
가을을 머금은 감칠맛

 가을이 깊어질수록 숲속의 공기는 더욱 촉촉해지고, 바람이 불 때마다 낙엽 사이로 버섯들이 고개를 내민다. 어릴 때, 산아래에서 팔던 표고버섯을 한 봉지 가득 사와 엄마가 큼직한 프라이팬에 볶아 주던 기억이 난다. 버섯에서 나오는 진한 감칠맛, 간장과 참기름이 더해진 따뜻한 향이 부엌 가득 퍼지면, 우리는 모두 식탁 앞에 둘러앉아 젓가락을 들었다.
 여름의 습기와 더위를 지나 선선한 가을 공기에서 맛과 향이 풍성해지는 버섯. 나무가 품은 영양을 머금고 자라나 가을 버섯은 깊고 풍부한 맛을 낸다. 표고버섯뿐만 아니라 느타리버섯, 양송이버섯, 새송이버섯까지 종류마다 각기 다른 향과 식감이 있어 요리에 따라 색다른 조합을 만들 수 있다.
 어떤 버섯은 오래 익힐수록 감칠맛이 깊어지고, 어떤 버섯은 가볍게 볶아야 특유의 탄력 있는 식감을 살릴 수 있다. 버섯을 손으로 찢어보면 결이 살아 있고, 그 촉감을 느끼는 것만으로도 가을의 향이 전해진다.

표고버섯구이와 참나물페스토
팽이버섯튀김 유린기
버섯간장장아찌
느타리버섯두루치기

버섯

표고버섯구이와 참나물페스토

고소하게 구운 표고버섯 위에 신선한 초록 향의 참나물페스토를 올렸어요. 가을에 특히 맛이 깊은 표고버섯을 가볍고 근사하게 즐기는 요리랍니다. 리조또나 바삭한 바게트와 함께 즐겨 보세요.

재료

표고버섯 4~5개
올리브오일 1큰술
소금 약간

참나물페스토
참나물 1줌(약 50g)
마늘 1쪽
페퍼론치노 1~2개
호두, 캐슈너트 등 견과류 2큰술
레몬즙 1큰술
소금 1/2작은술
올리브오일 3큰술

1. 표고버섯의 밑동에 칼집을 십자모양으로 가볍게 넣고 결이 살도록 손으로 조각내듯 찢는다. 결대로 찢으면 칼로 써는 것보다 수분이 덜 빠져나가 식감이 좋다.
2. 무쇠팬을 예열하고 올리브오일을 두른 뒤 중약불에서 표고버섯을 앞뒤 노릇하게 굽는다.
3. 접시에 구운 표고버섯을 담고 그 위에 참나물페스토 적당량을 얹는다.
4. 남은 참나물 잎을 장식하면 더욱 먹음직스럽다.

참나물페스토 만들기

1. 참나물은 물기를 제거해 적당한 크기로 자른다.
2. 블렌더나 절구에 참나물, 마늘, 페퍼론치노, 견과류, 레몬즙, 소금을 넣고 곱게 간다.
3. 올리브오일을 천천히 부으며 농도를 맞춘다.

버섯 구입 시 신선도 체크도 중요
버섯은 단단히 오므라들어 있고, 줄기가 탱탱하며 색이 선명한 것을 고르세요. 지나치게 젖어 있거나 끈적한 느낌이 나면 신선도가 떨어진 상태예요. 특히 표고버섯은 건조한 곳에서 키우면 갓에 흰색 틈이 생기는데, 그 틈이 많을수록 맛이 더 좋다고 해요.

가을

팽이버섯튀김 유린기 가을

바삭하게 튀긴 팽이버섯과 아삭한 양상추, 새콤짭짤한 유린기 소스가 어우러진 채식 유린기는 누구나 좋아하는 요리예요. 팽이버섯은 수분이 많아 그냥 튀기면 눅눅해지기 쉬운데, 미리 살짝 말렸다가 튀기면 건어물 같은 향이 나죠. 튀긴 팽이버섯은 키친타월 위에 올려 기름을 제거하면 더 깔끔하고 담백한 맛을 즐길 수 있어요.

재료

팽이버섯 1팩
양상추 3~4장
자색양파 1/4개
전분 1큰술
전분물(전분 1/2컵+물 1컵)
튀김용 식용유 적당량

유린기소스
청양고추와 홍고추 1개씩
다진 마늘 1큰술
간장과 물 5큰술씩
레몬즙 3큰술
원당(비정제 설탕) 2큰술

가을

1. 팽이버섯은 여러 갈래로 뗀 뒤 가볍게 펼쳐 바람이 잘 통하는 곳에서 1~2시간 말린다. 팽이버섯은 수분이 많아 그냥 튀기면 눅눅해지기 쉬우므로 말렸다가 튀겨야 바삭해진다.
2. 팽이버섯에 전분을 가볍게 묻히고 전분물에 넣어 튀김옷을 입힌다.
3. 팬에 기름을 넉넉히 두르고 중불에서 기름이 달궈지면 팽이버섯을 넣고 바삭하게 튀긴 후 키친타월 위에 올려 기름기를 뺀다.
4. 양상추는 굵게 채썰고, 자색양파는 곱게 채썬다.
5. 유린기 소스를 만든다. 고추를 곱게 다지고 다진 마늘과 간장, 물, 레몬즙, 원당을 함께 섞어 10~15분간 숙성시킨다.
6. 접시에 양상추를 넓게 깔고 자색양파를 올린다. 그 위에 튀긴 팽이버섯을 얹고 유린기소스를 뿌려내면 완성이다.

버섯간장장아찌

가을

쫄깃한 미니 새송이버섯과 알싸한 생강, 매콤한 고추가 어우러진 짭조름하고 새콤한 장아찌예요. 밥반찬으로도, 고소한 비건 덮밥 토핑으로도 잘 어울리죠. 도시락을 쌀 때도 꼭 잊지 않고 넣는답니다. 버섯은 데치지 않고 그대로 장아찌를 담가야 쫄깃한 식감이 유지돼요. 오래 보관하며 두고두고 즐겨요.

재료 500ml 분량

미니 새송이버섯 300g
꽈리고추 5개
홍고추 1개
생강 1톨

장아찌 국물(1:1비율)
간장과 식초, 물, 원당 각 1컵씩

1 미니 새송이버섯은 밑동을 정리하고 크다면 반으로 갈라 준비한다.

2 꽈리고추는 꼭지를 정리하고, 홍고추는 어슷썬다. 생강은 얇게 저민다.

3 소독한 유리병에 버섯, 꽈리고추, 홍고추, 생강을 차곡차곡 넣는다.

4 냄비에 장아찌 국물 재료를 모두 넣고 한소끔 끓인다. 끓어오르면 불을 끄고 뜨거운 상태로 소독한 유리병에 붓는다. 버섯이 뜨지 않도록 작은 접시나 무거운 것을 올려 눌러준다. 버섯이 공기와 닿으면 장아찌 국물에 균이 생길 수 있다.

5 실온에서 반나절 두었다가 냉장고에 넣어 숙성시킨다. 3일 정도 지나면 깊은 맛이 난다.

느타리버섯두루치기

느타리버섯을 이용한 두루치기예요. 버섯을 구우면 쫄깃하면서도 고소한 풍미가 그대로 유지되죠. 매콤한 소스와 함께 볶으면 입맛을 돋우는 요리가 완성돼요. 갓 지은 밥에 먹으면 과식할지도 모른답니다. 마트에 가면 늘 볼 수 있는 느타리버섯으로 만들 수 있어 반가운 요리예요.

재료

느타리버섯 200g
양파 1/2개
홍고추와 청양고추 1개씩
참기름 1작은술
소금과 식용유 약간씩

양념장
간장 1큰술
고춧가루와 청주 1작은술씩
조청과 다진 마늘 1작은술씩

1. 느타리버섯은 적당히 가닥을 나누고, 양파와 고추는 채썬다.
2. 분량의 재료를 섞어 양념장을 미리 만들어둔다.
3. 팬을 달구어 기름 없이 느타리버섯을 넣고 소금을 살짝 뿌려 중불에 볶는다. 이때 버섯에서 나온 수분이 완전히 날아가도록 볶아야 식감이 쫄깃해진다.
4. 팬에 식용유를 두르고 센불에서 수분이 날아간 버섯, 채썬 양파, 고추, 양념장을 넣고 빠르게 볶는다.
5. 양파가 숨이 죽으면 불을 끄고 참기름을 살짝 둘러 완성한다.

버섯 종류별로 맛도 쓰임새도 달라
가을에 특히나 맛이 좋은 버섯은 종류도 다양한데, 향이 진하고 탱탱한 식감의 표고버섯은 말리면 그 향이 더욱 깊어집니다. 부드럽고 쫄깃한 식감의 느타리버섯은 볶음이나 찜에 적당해요. 가을 양송이버섯은 향이 진해 수프랑 잘 어울리고, 조직이 단단하고 식감이 좋은 새송이버섯은 고기 대용으로도 많이 사용되어요.

시월의 마지막 주… 오랜만에 친구들과 집에서 오순도순 점심을 만들어 먹었다.

양송이크림파스타와 사과루꼴라샐러드를 만들어 다 같이 둘러앉아 먹으니 더 맛이 좋았다. 자연스럽게 문을 열고 들어오는 친구들과 인사하는 것도, 시덥지 않은 농담을 주고받으며 웃음 짓는 시간들도 모두 좋았다. 사람에게 곁을 주는 것이 퍽 어색했던 나는 어느새 많이 변화했고 그 변화 속에서 긍정적으로 산다는 게 어렴풋이 어떤 것인지도 알게 되었다. 행복은 강도보다는 빈도라고 하던데 이해관계 없이 서로의 곁을 내어주는 사람들과의 이음을 통해서 빈번한 행복이 여기 있음을 안다.

깊어진 시간
대지의 온기를 품다

　입안 가득 퍼지는 특유의 당근 향이 부담스러웠는지
나는 유난히 당근을 골라내곤 했다. 볶음밥도 김밥도
카레도 당근만 들어가면 쏙쏙 빼서 피하던 시절이
있었는데 지금은 가을이면 제주 구좌에 당근이
나왔는지부터 확인을 한다.
　나의 선입견을 완전히 무너뜨린 건 당근 오븐구이였는데
기존에 알고 있던 당근의 맛과는 180도 달랐다. 당근이
가진 달콤함과 따뜻한 향에 새롭게 눈을 뜬 것!
　제주에 내려오고 난 후, 가을이면 구좌읍에서 나는
당근을 사 먹곤 한다. 제주의 매서운 바닷바람을 머금고
검은 화산재 토양 위에서 자라서인지 그 어떤 채소보다
강인한 생명력을 지니고 있다. 비타민A가 풍부해 피부와
눈 건강을 지켜주고, 차가운 바람에 약해진 면역력을
끌어올리는 당근. 따뜻한 성질을 지니고 있어 몸속 깊이
스며들어 속을 편안하게 만들어준다.
　대지의 온기를 품고 있는 듯한 당근의 따스함 때문일까.
가을이 깊어질수록 당근을 요리하는 손이 분주하다.

당근라페 템페샌드위치
당근채소찜과 바냐카우다
당근콜라비쏨땀
병아리콩 후무스딥과 당근비트오븐구이

당근

당근라페 템페샌드위치

상큼한 당근라페, 고소한 템페, 달큰하게 볶은 양파가 어우러진 건강한 샌드위치에요. 식물성 단백질과 비타민이 풍부해 한끼 식사로도 든든하죠. 다이어트를 할 때 건강하고 완벽한 한끼를 고민하던 시기에 만들었는데 너무 맛있고 든든해서 자주 만들어 먹었어요. 아이가 좋아해서 오후 간식으로 만들어주기도 한답니다.

재료

통밀 식빵 4장
템페 100g
양파 1/2개
루꼴라, 상추 등 잎채소 한 줌
올리브오일 1큰술
소금과 후춧가루 약간씩
커리파우더 약간

당근라페

당근 2개
올리브오일과 발사믹식초 1큰술씩
메이플시럽과 홀그레인 머스터드 1작은술씩
소금 1작은술

매끄러운 껍질에 선명한 색깔로 골라야
당근을 고를 땐 껍질이 매끄럽고 선명한 주황색을 띠는 것을 찾아요. 굵기가 균일하며 갈라짐이나 검은 반점이 없는 것이 신선한 당근이에요. 너무 크고 무거운 것보다 중간 크기면서 단단한 것이 조직이 부드럽고 맛이 좋습니다.

가을

1 당근라페를 만든다. 당근은 채썰어 소금을 뿌려 10분간 절였다가 숨이 죽으면 물기를 짠다. 남은 재료를 모두 넣고 잘 버무려 냉장고에서 1~2시간 숙성시킨다.

2 양파를 채썰어 올리브오일을 두른 팬에서 중약불로 달달 볶는다. 소금과 후춧가루로 간해 부드럽게 익으면 불을 끈다.

3 템페를 적당한 크기로 잘라 팬에 올리브오일을 둘러 중약불에서 앞뒤 노릇하게 굽는다. 구운 템페 위에 커리파우더를 살짝 뿌려 향을 더한다.

4 통밀식빵을 구운 뒤 한쪽에 잎채소를 깔고 그 위에 당근라페→양파볶음→구운 템페 순으로 차곡차곡 쌓아 남은 통밀빵으로 덮어 완성한다.

당근채소찜과 바냐카우다

바냐카우다(Bagna Cauda)는 이탈리아 피에몬테 지방의 전통 소스로, 따뜻한 오일 베이스에 마늘과 엔초비를 넣어 만드는 딥핑소스입니다. 그대로 해석하면 '따뜻한 소스(Bagna=목욕, Cauda=따뜻한)'라는 뜻을 지니고 있죠. 주로 추운 날에 즐기는 요리로, 갓 쪄낸 채소나 생채소를 찍어 먹는 방식으로 즐겨요. 엔초비 대신 미소된장과 견과류를 사용해 채식으로 만들었어요.

재료

미니 당근 5~6개
레디시 2~3개
브로콜리 1/2개
아스파라거스 4~5줄기

바냐카우다소스
올리브오일 3큰술
호두 또는 캐슈너트 2큰술
미소된장 1큰술 ● 280P 참고
다진 마늘과 아몬드유 1큰술씩

1. 당근과 레디시는 반 자르고, 브로콜리는 한입크기로, 아스파라거스는 끝부분만 살짝 잘라낸다.
2. 냄비에 물을 끓이고 찜기를 올려 준비한 채소를 중불에서 찐다. 브로콜리와 아스파라거스는 3~4분, 당근과 레디시는 7~10분 정도 쪄야 단맛이 오르고 식감이 산다.
3. 접시에 찐 채소를 담고 소스를 곁들인다. 채소를 소스에 찍어가며 즐긴다.

바냐카우다소스 만들기

1. 블렌더에 소스 재료를 모두 넣고 곱게 간다. 견과류가 부드럽게 갈려야 채소와 잘 어우러진다.
2. 작은 냄비에 ①을 담아 약불로 2~3분간 저어가며 졸인다.
3. 걸쭉해지면 불을 끄고 따듯하게 유지한다.

가을

이렇게 달콤한 당근이라니

밤낮 기온 차가 커지면 뿌리채소의 단맛이 깊어지는데 대표적인 채소가 당근이에요. 여름 더위를 지나 시원한 기운 속에서 자라면서 당도가 높고 조직이 단단해지죠. 베타카로틴이 풍부해 환절기 면역력 강화와 피부 건강에 도움을 줍니다.

당근콜라비쏨땀

태국 여행을 하면 1일 1쏨땀을 할 정도로 쏨땀을 좋아합니다. 태국식 파파야 샐러드인 쏨땀을 변형하여 아삭한 당근과 콜라비로 매콤달콤하게 만들었어요. 상큼한 레몬, 짭짤한 간장, 고소한 땅콩이 조화를 이루며 입맛을 돋웁니다. 페페론치노 양을 조절해 매운맛을 맞춰요. 상큼하고 매콤한 동남아의 맛을 즐겨요.

가을

재료

당근 1개
콜라비 1/2개
땅콩 2큰술
고수 잎 한 줌

소스

간장과 메이플시럽 1큰술씩
레몬즙 2큰술
페페론치노 1개

1 당근과 콜라비는 가늘게 채썬다. 채소는 최대한 얇게 썰어야 소스가 잘 밴다. 강판이나 채칼을 사용하면 식감이 더 아삭하고 가벼워진다.

2 간장, 메이플시럽, 레몬즙을 섞은 후 페퍼론치노를 잘게 부숴 소스를 만든다.

3 볼에 채썬 당근과 콜라비를 넣고 ②의 소스를 부어 골고루 섞는다. 먹기 직전에 소스를 버무려야 채소에서 물이 나오지 않는다.

4 마지막으로 땅콩을 으깨어 넣고 접시에 담아 고수 잎을 올려 마무리한다.

병아리콩 후무스딥과 당근비트오븐구이

 가을

어둠이 빨리 찾아오는 쌀쌀한 늦가을 저녁, 오븐에서 익어가는 당근 냄새가 집 안 가득 퍼지면 한 순간에 몸과 마음이 포근해요. 고소한 병아리콩 후무스에 오븐에서 구운 당근과 비트를 곁들입니다. 후무스는 미리 만들어 냉장고에 1~2시간 두면 재료들이 어우러져 더욱 고소해져요. 큐민가루가 들어가 있어 소화효소 분비도 촉진시켜주죠. 당근의 특유 향과 식감을 싫어하는 사람이라면 꼭 시도해 보세요.

재료

미니 당근 5-6개 (큰 당근 1~2개)
비트 1/2개
올리브오일 1큰술
소금과 후춧가루 약간씩

병아리콩 후무스딥

삶은 병아리콩 200g
마늘 1쪽
참깨 또는 타히니 1큰술
소금과 큐민가루 1/2작은술씩
후춧가루 약간
레몬즙 2큰술
올리브오일 3큰술

> **TIP** 병아리콩은 찬물에 8시간 이상(하룻밤) 불린 뒤 물을 갈아 끓입니다. 물이 끓으면 중약불로 줄여 뚜껑을 약간 열고 1시간 정도 삶아요. 콩알이 부드럽게 으깨지면 다 익은 거예요. 마지막 10분을 남겨두고 소금을 넣으면 콩이 단단해지지 않고 부드럽죠. 약간의 베이킹소다를 넣으면 껍질이 잘 벗겨져 더 크리미한 질감을 만들 수 있어요.

가을

1 병아리콩 후무스딥부터 만든다. 올리브오일을 제외한 모든 재료를 블렌더에 넣고 곱게 간다. 농도가 되직해지면 올리브오일을 넣어가며 농도를 맞춘다.

2 비트는 적당한 크기로 썰어 당근과 함께 올리브오일, 소금, 후춧가루에 버무린다. 비트는 당근보다 수분이 많고 단단하므로 얇게 썰어야 골고루 익고 단맛이 잘 올라온다.

3 ②를 190℃로 예열한 오븐에서 20~25분간 노릇하게 굽는다.

4 접시에 준비한 병아리콩 후부스딥을 넓게 펴고 그 위에 구운 당근과 비트를 세팅한다.

주황당근, 흑당근, 보라당근 그리고 구좌당근
국내에서 유통되는 대부분은 일반 주황당근이지만 흑당근이나 보라당근도 가을 한정으로 소량 유통됩니다. 특히 제주도 구좌에서 자라는 당근은 화산회토의 흙에서 자라다보니 물 빠짐이 좋고 영양분 흡수력도 높아요. 맛도 좋기로 유명하답니다.

계절과 몸을 잇는
따뜻한 연결고리

　손바닥만한 하얀 세상 두부. 우리는 새벽 명상과 요가 수련 후에 자주 하얀 순두부를 끓여 함께 나누어 먹곤 한다. 차가운 공기를 들이마시며 몸과 마음을 깨운 후, 따끈한 순두부 한 그릇을 앞에 두면 이내 온기가 몸속 깊이 퍼진다. 담백하고 부드러운 두부가 속을 편안하게 달래주고, 고요한 침묵 속에서 나누는 한 그릇이 마치 수련의 연장처럼 느껴진다.

　우리 집에서 절대 빠지지 않는 식재료 두부. 사시사철 두부를 먹지만 늦가을부터 더욱 자주 밥상에 오른다. 차가운 바람이 불기 시작하면 따뜻한 국물이 있는 음식이 더욱 생각나기 마련이다. 이는 단순한 입맛의 변화만은 아닐 것이다. 건조해지는 가을은 피부와 장이 쉽게 메마르는데, 두부의 촉촉한 성질이 몸을 부드럽게 감싸주고 내장을 편안하게 해준다. 또한 단백질이 풍부해 기력이 떨어지기 쉬운 계절에 힘을 보태준다.

　가족마다 두부를 즐기는 방식은 모두 다르지만, 두부가 주는 따뜻함과 위안은 같다. 단순한 한끼를 넘어 계절과 몸을 잇는 따뜻한 연결고리가 되어주는 두부는 오늘도 우리 집 밥상 위에서 보글보글 끓고 있다.

템페마파두부덮밥
두부쑥갓깨버무리
아게다시도후
삼각두부샌드

두부

템페마파두부덮밥 가을

매콤하고 감칠맛이 가득한 마파두부에 템페를 더하면 색다른 맛과 영양의 요리가 만들어져요. 마파두부는 중국 사천 지방에서 유래된 요리로, 이름 속 '마(麻)'는 얼얼한 맛을 의미하고, '파(婆)'는 노파를 뜻해요. 이 요리는 한 할머니가 사천 지역의 노동자들에게 저렴하고 든든한 한끼를 만들어주기 위해 개발했다고 해요. 따끈한 밥과 함께 퍼지는 고소한 맛, 얼얼하면서도 부드러운 소스의 깊은 여운이 남아요.

재료

두부 1모
잘게 부순 템페 1컵
다진 파 2큰술
다진 마늘 1큰술
된장과 고추장, 간장, 맛술 각 1큰술씩
조청 1작은술
전분물(전분 1큰술 + 물 2큰술)
고추기름 약간 ㅇ 선택
식용유 1큰술
쪽파 한 줌

1. 두부는 먹기 좋게 깍둑썰고 템페는 손으로 잘게 부숴 준비한다.
2. 팬에 식용유를 두르고 다진 파와 다진 마늘을 볶아 향을 낸다. 잘게 부순 템페를 넣고 중약불에서 노릇하게 볶는다.
3. 된장, 고추장, 간장, 맛술, 조청을 섞어 ②에 넣고 약불에서 섞어가며 볶는다.
4. 깍둑썰기한 두부를 넣고 부서지지 않게 조심스럽게 섞다가 전분물을 부어 걸쭉한 농도를 맞춰 한소끔 끓이면 완성이다. 고추기름을 약간 넣으면 풍미가 깊어진다.
5. 그릇에 담고 쪽파를 송송 썰어 얹어낸다.

Non-GMO 두부 선택법
① 국내 생산 두부라도 대부분 수입콩을 사용하니 반드시 유전자 변형 여부를 확인해요.
② 콩의 원산지를 살펴요. 국산콩을 우선하되, 미국산이나 캐나다산 중 Non-GMO 표시가 있다면 비교적 안전해요.
③ '유기농' '무농약' 표시가 있으면 농약 사용량에 대한 걱정도 덜 수 있어요.
④ 성분표가 짧고 단순할수록 좋은 두부입니다. 간수 외에 소포제, 유화제, 안정제가 들어갈 수 있으니 첨가물 유무를 확인해요.
⑤ 제조일자 확인도 중요해요. 가급적 제조 후 2~3일 이내의 제품을 골라요.

가을

간단하면서도 깊은 맛을 느낄 수 있는 건강한 한 접시예요. 고소하게 간 참깨와 부드러운 두부, 향긋한 쑥갓이 만나 더 담백해요. 따뜻한 밥과 함께 곁들이면 더욱 맛있습니다. 유자즙이나 레몬즙을 약간 넣어도 잘 어울려요.

두부쑥갓깨버무리 가을

재료

두부 1모
쑥갓 한 줌

깨소스

참깨 3큰술
간장과 참기름 1큰술씩
미소된장 1작은술 • 280P 참고

1. 두부는 끓는 물에 살짝 데쳐 물기를 제거한다.
2. 쑥갓은 깨끗이 씻어 끓는 물에 10초간 데친 후 찬물에 헹궈 물기를 꼭 짠다. 쑥갓을 너무 오래 데치면 향이 사라진다.
3. 큰 볼에 데친 두부를 넣고 식감이 느껴지도록 주걱이나 손으로 살살 으깬다.
4. 깨소스를 만든다. 절구에 참깨를 넣고 곱게 찧어 간장, 미소된장, 참기름과 섞는다.
5. ③에 준비한 쑥갓과 깨소스를 넣고 살살 버무려 완성한다.

아게다시도후

아게다시도후는 전분을 묻혀 바삭하게 구운 두부 위에 채썬 양파를 올리고, 매콤하고 깊은 풍미의 소스를 부어 완성하는 요리예요. 일본 요릿집에서 먹어보고 반해 집에 돌아와 만들어봤죠. 차갑게 먹는 요리지만 따뜻하게 먹어도 정말 맛있답니다.

재료

두부 1모
적양파 1/2개
전분물(전분 2큰술+물 1/2컵)
식용유 2큰술

소스

팽이버섯 한 줌
홍고추 1개
생강 1톨
간장 4큰술
식초와 원당 2큰술씩
물 1/2컵
전분물 약간

1. 두부는 원하는 크기로 잘라 키친타월 위에 올려 수분을 충분히 제거한다. 그래야 구웠을 때 바삭하다.
2. 적양파는 얇게 슬라이스하고 팽이버섯은 송송 썬다. 홍고추와 생강은 잘게 다진다.
3. 두부 양면에 전분물을 골고루 묻힌 후 팬에 식용유를 둘러 중약불에서 앞뒤 노릇하게 굽는다. 전분물을 얇게 묻혀야 식감이 깔끔하다.
4. 소스를 만든다. 냄비에 물, 간장, 식초, 원당, 그리고 채썬 생강을 넣고 중불에 올린다. 끓어오르면 홍고추와 팽이버섯을 넣고 남은 전분물을 약간 넣고 살짝만 끓여 소스를 완성한다.
5. 구운 두부를 접시에 담고 양파 슬라이스를 올린 뒤 ④의 뜨거운 소스를 끼얹어 마무리한다.

가을

삼각두부샌드 가을

부드러운 두부 속에 감칠맛이 스며든 한입 요리입니다. 노릇하게 구운 두부 사이에 볶은 황금팽이버섯과 홍고추를 끼워 넣어 시각적 아름다움과 깊은 풍미를 함께 살렸죠. 두부샌드는 단순하지만 세심한 조리가 필요한 요리예요. 소박하지만 정성이 담긴 한 접시로 몸과 마음을 따뜻하게 채워봐요.

재료

두부 1모
황금팽이버섯 또는
팽이버섯이나 만가닥버섯 100g
홍고추 1개
청양고추 1개 ○ 선택
비건 굴소스 1큰술 ● 278P 참고
간장과 맛술 1작은술씩
후춧가루 한 꼬집
식용유 1큰술

1. 두부는 삼각형 모양으로 썰고, 버섯은 먼지를 털고 밑동을 자른다. 홍고추는 채썬다. 매운맛을 원하면 청양고추 1개를 추가한다.
2. 팬에 식용유를 두르고 삼각형 모양의 두부를 중불에서 노릇하게 구워 준비한다.
3. 팬에 버섯과 고추를 넣고 비건 굴소스, 간장, 맛술, 후춧가루를 넣어 중불에서 빠르게 볶는다.
4. 구운 두부에 칼집을 넣고 그 틈에 ③을 채워 넣는다.

내 마음을 보살피고 싶어서 만든 플레이트

11월부터 3월까지 계절성 우울감이 찾아올 때가 있다. 자존감이 이상할 만큼 떨어지고 무기력해져서 우울해지는 시간들. 이 계절에는 채소의 뿌리로 요리하며 나의 뿌리를 더 단단하게 보살피는데 집중한다. 그저 있는 그대로의 모습으로 충분히 괜찮다는 응원의 마음을 담아 정성스레 밥을 짓는다.

가을

시월, 찬란한 가을이 오다

가을의 한가운데, 몸과 마음에 평화와 위안을 주는 음식을 고민한다. 맛도 있지만 분명 마음에도 울림이 있는 음식을 찾는 끝없는 여정 속에 내가 고집하는 건 단 하나. 계절은 변화하고 그 계절에 따라 사람의 몸과 마음이 다르다는 것. 그러니 계절에 따라 순환하는 식탁이어야 한다는 것.

불필요한 것을 덜어내고
새로운 시작을 준비하는

겨울,

고요 속
몸을 감싸는 따뜻함

겨울

　햇살이 투명하게 반짝이는 아침, 차가운 공기가 코끝을 스치고 지나간다. 밤새 내린 서리가 마당을 흰빛으로 덮었고 나뭇가지들은 하얀 숨결을 머금고 있다. 마침내 겨울왕국이 도래했다. 긴 밤과 짧은 낮, 계절은 한층 깊어지고 세상은 조용해졌다. 바람은 맑고 매섭지만 그 속에서도 어딘가 차분한 안온함이 느껴진다. 가을이 남기고 간 단단한 기운을 품으며, 겨울은 조용히 우리 곁에 스며들었다.
　겨울의 시작과 함께 몸과 마음은 자연스레 움츠러든다. 따뜻한 옷을 껴입고 손끝을 호호 불며 찻잔을 감싸 쥔다. 자연이 그러하듯 우리도 에너지를 아끼고 안으로 깊숙이 침잠하며 고요 속에서 스스로를 들여다보게 된다. 한 해를 마무리하는 이 계절은 많은 것들을 차분히 정리하고 다가오는 봄을 준비하는 시간이 되기도 한다. 밀려오는 찬 공기를 온몸으로 받아들이며 차가운 바람에 휩쓸려갔던 마음들도 차근차근 되돌아본다.

　겨울을 떠올리면 적막한 풍경을 상상하기 쉽지만 제주의 겨울은 그 어느 때보다 반짝반짝하다. 차가운 해풍에 맛이 최고조로 오른 굴들이

출하를 앞두고 있기 때문이다. 우리집 귤나무에도 전구가 켜지듯이 어두운 겨울을 밝히고 있다.

폭설이 내려 고립 된 날 모든 것을 멈추고 오름으로 눈썰매를 타러 나갔다. 하얗게 덮인 산길을 따라 올라가며 바람에 날리는 눈 결정들을 바라보았다. 겨울이 주는 새하얀 기쁨이란! 눈 세상 속에서 신나게 놀고 내려와 귤을 한 아름 안고 난로 곁에 둘러앉았다. 난로 위 주전자는 끓어가고 한참 제철인 귤을 까먹으니 새콤달콤한 향이 집안 가득하다. 더할 나위 없는 노곤한 행복이 여기 있다.

부엌에서는 따뜻한 냄비가 천천히 김을 올리고 겨울 채소를 하나둘 꺼내 손질을 한다. 무와 감자가 부드럽게 익어가는 동안 육지에 계시는 어머님께서 보내주신 들깨가루를 풀어 걸쭉한 수프를 만든다. 겨울의 뿌리채소들은 추위를 견뎌내며 더욱 깊은 맛이 난다. 나의 뿌리를 단단하게 내리는 것이 중요해서일까, 겨울에는 자연스럽게 뿌리채소에 손이 간다. 무는 은은한 단맛이 배어 나오고, 배추는 아삭한 결 사이로 감칠맛을 더한다. 화산토에서 이모작으로 자란 겨울의 감자는 속을 포근하게 데워주고, 연근과 우엉은 깊고 단단한 기운을 전해준다. 이 계절에 우리는 본능적으로 땅속의 채소들을 찾는데 대지의 품에서 길러진 채소들이 겨울을 나는 우리의 몸을 따뜻하게 감싸주기 때문이다.

추운 계절에는 우리 몸이 자연스럽게 에너지를 보존하려 한다. 하지만 겨울철에는 햇빛이 줄어들면서 비타민D가 부족해지고 신진대사가 느려져 면역력이 저하되기 쉽다. 그래서 우리는 따뜻한 음식과 영양가 높은 채소를 섭취하며 몸을 보호한다. 겨울철 채소는 이 계절

부족해지기 쉬운 미네랄과 요오드를 풍부하게 함유하고 있어 갑상선 건강을 돕고 신진대사를 활성화하는 데 유익하다. 신체활동이 적어지니 자연스럽게 몸과 마음이 어두워지기 쉬운데 호르몬을 조절하는 갑상선을 위해서라도 겨울에 나는 해조류를 즐기는 것이 좋다. 십자과 채소인 콜리플라워는 비타민C가 많아 면역력을 높이고, 항산화 작용을 통해 몸을 보호하는 역할을 한다. 건나물은 오랜 보관이 가능하면서도 무기질과 섬유질이 풍부해 장 건강과 혈액순환을 돕고, 겨울에 제철인 무는 소화기 건강을 개선하고 몸을 따뜻하게 해주는 성질이 있어 겨울철 꼭 필요한 채소이다.

창밖에는 나뭇가지 위로 하얀 눈이 내려앉고, 바람에 실린 매서운 기운 속에서도 어딘가 단정한 정적이 감돈다. 이렇게 겨울을 지나는 순간순간은 스스로를 돌보고 채워가는 시간이 된다.
 겨울의 끝자락에서 우리는 다시금 다가올 봄을 기다린다. 하지만 조급할 필요는 없다. 얼어붙은 땅 아래에서도 씨앗들은 조용히 깨어날 준비를 하고 있을 테니. 차가운 바람이 불어올 때마다 나무들이 오래된 잎을 떨구며 가벼워지듯, 우리도 불필요한 것들을 덜어내고 새로운 시작을 준비한다.
 이 겨울이 지나면 또 다른 계절이 오겠지만, 지금은 그저 고요 속에서 따뜻한 국 한 그릇을 끓이며 오늘을 온전히 살아갈 뿐이다.

겨울에 더 빛나는
하얀 얼굴

 차가운 계절이 깊어질수록 하얗고 단단해지는 꽃송이 콜리플라워. 처음 콜리플라워를 보았을 때는 이걸 어떻게 먹어야 할지 막막했다. 브로콜리처럼 푸른 기운도 없고 어딘가 어색했는데, 한 번 요리해보니 특유의 부드러우면서도 고소한 맛에 금세 익숙해졌다. 우리집은 아이가 브로콜리보다 콜리플라워를 더 좋아해서 겨울이 오면 특별한 조리법 없이 콜리플라워를 오븐에 넣고 노릇노릇하게 구워낸다. 따뜻한 오븐 앞에서 구워지는 동안 고소한 향이 부엌을 가득 채운다. 아이가 기쁜 얼굴로 한 조각을 집어 먹을 때, 겨울이 주는 작은 행복이 멀리 있지 않다는 것을 다시금 느낀다.
 자연의 이치를 그대로 담은 채소들이 그렇듯, 콜리플라워 역시 이 계절에 꼭 필요한 따뜻한 영양을 품고 있다. 비타민C가 가득해 면역력을 높이고, 차가운 날씨에 지친 몸을 보호하는 역할을 한다. 또한 식이섬유가 풍부해 장 건강을 돕고 몸속의 독소를 배출하는 데도 유익하다. 살짝 데쳐 먹어도 좋고 구워서 먹으면 더욱 깊은 고소한 맛이 난다. 따뜻한 수프에 넣어 부드럽게 끓이면 겨울 저녁, 몸을 녹여주는 따뜻한 한 그릇이 된다.

콜리플라워

콜리플라워스테이크
콜리플라워라이스
콜리플라워강정
콜리플라워 병아리콩커리

콜리플라워스테이크

겨울

두툼하게 썬 콜리플라워를 무쇠팬에서 노릇하게 구웠어요. 마늘가루와 훈제 파프리카가루, 코리앤더파우더를 넣어 감칠맛이 살아나고, 양송이버섯과 양파, 마늘을 곁들여 식감도 풍성하죠. 여기에 신선한 향의 타임과 레몬제스트를 뿌리면 한층 고급스러운 요리가 완성됩니다. 우리집 주방이 훌륭한 레스토랑으로 변신하는 시간이에요.

재료

콜리플라워 1송이
양송이버섯 5개
양파 1/2개
마늘 2쪽
올리브오일 2큰술
레몬제스트 약간
타임 또는 로즈마리 약간
레드페퍼 약간 ○ 선택

시즈닝

훈제 파프리카가루와 칠리파우더 1작은술씩
오레가노와 코리앤더파우더 1작은술씩
마늘가루 1작은술
소금과 후춧가루 약간씩
올리브오일 2큰술

1. 콜리플라워는 두툼하게 2cm 두께로 썰고, 양송이버섯은 4등분한다. 양파는 채썰고, 마늘은 편썬다.
2. 콜리플라워에 올리브오일을 먼저 바르고 시즈닝 재료를 섞어 양면에 발라준다.
3. 올리브오일을 두른 팬에 시즈닝한 콜리플라워를 올려 약불에서 뚜껑을 덮고 앞뒤 노릇하게 굽는다.
4. 팬에 올리브오일을 두르고 양파, 마늘을 넣고 볶다가 중불로 낮춰 양송이버섯을 넣어 볶는다.
5. 접시에 구운 콜리플라워를 얹고 그 위에 볶은 채소를 올린다.
6. 타임과 레몬제스트, 레드페퍼를 뿌려 마무리한다.

● 겨울

컬러풀한 콜리플라워의 세계
- 화이트 콜리플라워 → 담백하고 부드러우며 단맛이 있다.
- 오렌지 콜리플라워 → 베타카로틴이 풍부하고 살짝 고소한 풍미가 느껴진다.
- 보라색 콜리플라워 → 안토시아닌이 많아 항산화 효과가 높고 익히면 색이 옅어져 파스텔빛이 된다.
- 로마네스코 → 연둣빛 소용돌이 형태로, 식감이 바삭하고 단맛이 강하다. 유럽 품종이지만 국내에서도 간간이 유통되는 중.

콜리플라워라이스 겨울

밥을 대신할 수 있는 저탄수화물 식재료로 가볍고 포만감을 주는 건강식입니다. 일반 쌀밥보다 탄수화물이 훨씬 적고 식이섬유가 풍부해, 혈당을 천천히 올려줘 당뇨 환자나 혈당조절이 필요한 사람들에게 좋은 선택이 될 수 있죠. 비타민C와 K 성분으로 면역력 강화와 항산화 작용에도 탁월해요. 볶음밥이나 샐러드에 활용하세요.

재료

콜리플라워 1송이
올리브오일 1큰술 ○ 선택
소금 약간

1. 콜리플라워를 씻어 적당한 크기로 자른 후 찜기에 넣고 5~7분간 부드럽게 찐다. 반드시 시간을 지켜야 질어지지 않는다.
2. 찐 콜리플라워를 식혀 칼로 잘게 다지거나 푸드 프로세서를 이용해 쌀알 크기로 다진다.
3. 마른 팬을 중불로 예열한 후 다진 콜리플라워를 넣고 수분이 날아가도록 3~5분간 볶는다. 올리브오일을 넣으면 풍미가 더해진다.
4. 소금을 살짝 넣어 간을 맞춘 후 한김 식혀 그릇에 담아낸다.

콜리플라워 vs 브로콜리

햇볕보다 바람이 더 많이 드는 겨울 밭에서 자란 콜리플라워는 조직이 단단하고 향이 순해, 이 계절의 속도와 잘 맞는 채소예요. 위장에 부담을 주지 않고 소화도 잘 되어, 속이 차고 무거워지기 쉬운 겨울철 식탁에 참 잘 어울려요. 브로콜리보다 향이 약하고 부드러워 다른 재료와 조화롭습니다. 조리 방법에 따라 포슬하거나 바삭하게도 즐길 수 있어요.

콜리플라워강정

바삭하게 튀겨낸 콜리플라워에 달콤하고 매콤한 강정소스를 입혀 감칠맛을 더했어요. 튀김옷을 입힌 콜리플라워는 겉은 바삭하고 속은 부드럽죠. 매콤하게 즐기고 싶다면 강정소스에 고춧가루를 추가하세요. 튀김옷에 탄산수를 사용하면 더욱 바삭한 식감을 얻을 수 있답니다.

재료

콜리플라워 1송이
튀김가루 1컵
튀김용 식용유 적당량
다진 견과류 약간

튀김옷
튀김가루와 물 1/2컵씩
소금 약간

강정소스
간장과 조청 3큰술씩
토마토케첩 2큰술
고추장과 식초 1큰술씩
고춧가루와 참기름 1작은술씩
다진 마늘 1작은술
후춧가루 약간

1. 콜리플라워는 한입크기로 잘라 끓는 물에 살짝 데친 뒤 찬물에 헹궈 물기를 제거한다. 너무 오래 데치면 튀길 때 물러지므로 주의한다.
2. 튀김옷을 준비한다. 데친 콜리플라워에 튀김가루를 묻힌 후 튀김옷을 골고루 입힌다.
3. 넓은 팬에 튀김용 기름을 붓고 끓어오르면 튀김옷을 묻힌 콜리플라워를 넣는다. 노릇하게 튀겨지면 꺼내 기름기를 뺀다.
4. 팬에 강정소스 재료를 모두 넣고 약불로 끓여 소스를 만든다.
5. 튀긴 콜리플라워를 소스에 빠르게 버무린 후 살짝 볶는다.
6. 접시에 담고 다진 견과류를 뿌려 완성한다.

겨울

콜리플라워 병아리콩커리

겨울

인도에서는 콜리플라워와 병아리콩을 활용한 커리가 아주 흔한 요리예요. 인도의 가정식이나 노점에서 쉽게 볼 수 있는데 강황, 큐민, 가람마살라 등 다양한 향신료가 더해져 독특한 맛을 냅니다. 미리 병아리콩을 삶아두면 조리시간을 단축할 수 있어요. 콜리플라워라이스와 함께 먹으면 저탄수화물 식단으로도 훌륭하답니다.

재료

삶은 병아리콩 1컵
콜리플라워 1/2송이
양파 1개
다진 마늘 1큰술
다진 생강 1작은술
올리브오일 1큰술
물 1컵
소금와 후춧가루 약간씩
고수 한 줌

향신료
강황가루·큐민가루·칠리파우더·가람마살라·코리앤더파우더
각 1작은술씩

1. 병아리콩을 하룻밤 물에 불렸다가 냄비에 넣고 부드러워질 때까지 삶아 준비한다. • 병아리콩 삶기 198P 참고
2. 콜리플라워는 한입크기로 자르고, 양파는 깍둑 썬다. 마늘과 생강은 곱게 다진다.
3. 팬에 올리브오일을 둘러 양파와 다진 마늘, 다진 생강을 볶아 향을 낸다.
4. 준비한 향신료를 넣고 약불에서 볶아 향을 더욱 깊게 낸다. 향신료의 양은 취향에 따라 조절한다. 이때 맵기는 칠리파우더의 양으로 조절한다.
5. 삶은 병아리콩과 콜리플라워를 넣고 물 1컵을 부어 중약불에서 약 7~10분간 끓인다.
6. 소금과 후춧가루로 간을 하고 마지막에 고수 한 줌을 뿌려 마무리한다.

만두 빚기는 명상과 같아

만두를 빚는다. 속을 올리고, 반죽을 접고, 작은 주름을 고르게 잡아가다보면 바쁜 일상 속 생각들이 떠오르다가도 이내 손끝의 감각으로 다시 돌아온다. 무수한 생각들을 붙잡지 않고 흘려보내는 일. 그 단순한 반복 속에서 비로소 조용히 마주하게 되는 지금 이 순간.

겨울

자연스럽고 간단하며 맛있는 요리란 무엇일까?

바쁜 날들을 뒤로 하고 집에서 모닥불을 쬐고 있으면 그 불이 너무 아까워서 무엇이라도 하고 싶은 마음이 든다. 후다닥 집에 들어가서 꺼내온 무쇠팬을 타오르는 삼나무 위에 올려 무심하게 구워 먹는 아스파라거스의 맛이란! 언제나 요리에 대한 고민이 들 땐 불을 피워야겠다. 간단명료하지만 느낌표 가득한 맛의 세계로!

차가운 바다의
깊이를 머금다

 오일장에 나가보면 바다의 신선함을 고스란히 품은 해조류들이 길게 늘어서 있다. 겨울이 제철인 톳, 미역, 파래가 수북이 쌓여 있고, 해조류 특유의 짭조름한 향이 바닷바람을 따라 코끝에 닿는다. 이맘때 해조류는 바닷물의 온도가 낮아지며 천천히 성장해 조직이 치밀해지고 식감이 더욱 살아난다. 또한 겨울철의 바다는 수질이 맑아 품질 또한 뛰어난 편이다.
 겨울철 해조류는 건강을 위한 식재료로도 매우 주목할 만하다. 특히 풍부한 식이섬유와 미네랄은 장의 연동운동을 도와 배변을 원활하게 하고 몸속 독소를 배출하는데 좋다. 갑상선 호르몬의 합성에 필수적인 요오드는 부족할 경우 피로감이나 체중 변화 등 대사 불균형이 나타날 수 있는데 미역국으로도 충분히 채울 수 있다. 또한 해조류의 칼슘과 철분 성분은 뼈 건강과 혈액 내 산소 운반을 돕기 때문에 빈혈 예방에도 효과적이다.
 겨울철은 면역력이 떨어지기 쉬운 계절인 만큼, 영양이 풍부한 해조류를 자주 섭취해 체력을 보완하고 몸의 리듬을 회복하는 데 큰 도움이 된다.
 한 줌의 해조류가 만들어내는 깊은 맛과 영양을 음미하며, 겨울 바다를 마음껏 느껴보는 것도 겨울철 식탁의 또 다른 즐거움이 아닐까?

해조류

뿌리채소톳솥밥
두부파래전
들깨표고버섯미역국
미역줄기팽이버섯볶음

뿌리채소톳솥밥 ● 겨울

땅속 깊은 곳에서 자라난 뿌리채소는 땅의 강한 에너지로 몸을 안정시켜주고, 바다의 기운을 머금은 해조류는 몸속 노폐물을 배출하고 균형을 맞춰줍니다. 이 두 가지 식재료를 함께 섭취하면 대지와 바다의 조화를 이루며, 우리 몸의 흐름을 자연스럽게 조절할 수 있죠. 뿌리채소의 단단한 기운과 해조류의 부드러운 에너지가 만나 속을 따뜻하게 데우고 활력을 불어넣어 보는 건 어떨까요?

재료

밥짓기(불린 쌀과 물 2컵씩)
톳 1/2컵
당근채 우엉채 1/2컵씩
간장과 현미유 1큰술씩
원당과 참기름 1작은술씩

미소된장 양념장
미소된장 1큰술 ● 280P 참고
다진 생강 1작은술
간장과 현미식초 1작은술씩
매실청 1작은술 ● 281P 참고
참기름 1작은술
통깨 약간

생톳 vs 말린 톳 vs 삶은 톳 보관법

톳은 겨울에서 이른 봄까지 수확되는 대표 해조류로 철분, 칼슘, 마그네슘 등 미네랄이 풍부하며 빈혈 예방, 장 건강에 효과적입니다. 생톳은 바다내음이 신선하게 느껴지는 것을 고르고, 삶은 톳은 진한 갈색으로 줄기가 부드러우면서 탱탱한 것을 선택하세요. 생톳은 데쳐서 냉동보관, 말린 톳은 습기 없이 밀봉보관, 한 번 삶은 톳은 물기를 꼭 짜서 소분해 냉동보관하세요.

겨울

1 톳은 밀가루로 문질러 씻어 불순물을 제거한 후 식초를 넣은 끓는 물에 살짝 데친다.
2 우엉과 당근은 채썰어 준비하고, 데친 톳도 같은 길이로 자른다.
3 팬에 현미유를 두르고 간장과 원당을 넣은 후 중불에서 당근채, 우엉채, 데친 톳을 살짝 볶는다. 오래 익히지 않아야 채소와 톳의 아삭한 식감을 살릴 수 있다.
4 볶은 채소에 참기름을 살짝 뿌려 버무린다.
5 불린 쌀을 솥에 담고 ④를 그 위에 올린 후 물 2컵을 붓는다.
6 센불에 올려 끓기 시작하면 중약불로 낮춰 7~8분간 밥을 짓는다. 기포 소리가 작아지면 약불로 5분 천천히 쌀을 익히고, 불을 끄고 10분간 뜸을 들이면 완성이다.
7 미소된장 양념장 재료를 모두 섞어 톳솥밥과 곁들인다.

두부파래전 겨울

12월~2월 겨울 한정으로 나오는 파래는 민감한 계절 식재료예요. 바다의 생명력을 머금어 향이 강하고 식감이 부드러워 겨울 밥상에 개운함을 더하죠. 엽록소와 미네랄이 풍부해 해독작용과 혈액순환 개선에 효과적입니다. 차가운 바다에서 자란 만큼 성질이 서늘한 편이지만 두부와 함께 전으로 부쳐 섭취하면 균형이 잘 맞아요.

재료

파래 1컵
두부 1모
홍고추 1개
청고추 1/2개
부침가루 또는 쌀가루 1/2컵
소금 약간
현미유 2큰술

1. 파래는 물에 깨끗이 씻은 후 물기를 꼭 짠다. 물기가 없어야 전을 부쳤을 때 퍼지지 않고 식감도 바삭해진다.
2. 두부를 칼로 으깨어 잘 뭉칠 수 있게 키친타월로 적당히 수분을 제거한다.
3. 홍고추는 반은 잘게 다지고 반은 송송 썬다. 청고추도 잘게 다져 준비한다.
4. 볼에 파래, 으깬 두부, 다진 홍고추와 청고추, 부침가루, 소금을 넣고 골고루 섞는다.
5. 팬에 현미유를 두르고 중약불에서 반죽을 한 숟가락씩 올려 앞뒤 노릇하게 굽는다.
6. 접시에 담고 남은 송송 썬 홍고추를 올려 마무리한다.

TIP 생파래는 색이 선명한 녹색에 끈적이지 않고 신선한 바다 향이 나는 게 좋아요. 그대로 키친타월에 싸서 2~3일 냉장보관하거나, 살짝 데쳐 냉동보관해 사용합니다.

바다와 땅에서 자란 식재료의 조합은 예로부터 균형 잡힌 식단으로 여겨졌어요. 겨울이 되면 부드럽고 차가운 성질의 미역과 표고버섯에 따뜻한 기운을 가진 들깨를 더해 미역국을 자주 끓여요. 고소한 들깨와 깊은 감칠맛의 표고버섯, 바다 향을 머금은 미역이 어우러져 영양도 맛도 가득한 국이 완성된답니다. 쌀뜨물을 넣으면 국물 맛이 한층 더 부드러워져요.

들깨표고버섯미역국

겨울

재료

불린 미역 1컵
표고버섯 2개
들깨가루 2큰술
다진 마늘 1작은술
국간장과 들기름 1큰술씩
쌀뜨물 5컵
소금 약간

1. 미역은 물에 불려 먹기 좋은 크기로 자르고, 표고버섯은 슬라이스한다.
2. 냄비에 들기름을 두르고 약불에서 다진 마늘을 볶는다.
3. 미역과 표고버섯을 넣고 중불에서 함께 볶다가 쌀뜨물을 붓고 중약불에서 15분간 끓인다.
4. 국간장을 넣어 간을 맞춘 뒤 들깨가루를 넣고 한소끔 더 끓인다. 들깨가루는 마지막에 넣어야 고소한 맛과 부드러운 질감을 유지할 수 있다.
5. 소금으로 간을 맞추고 불을 끄면 완성이다.

2~3월에 채취한 미역이 최고

미역은 2~3월에 채취한 게 가장 부드럽고 향도 진해요. 영양분도 높아 식이섬유와 요오드, 칼슘이 풍부하고, 위벽을 부드럽게 보호해 겨울철 위장 건강에 좋습니다. 건미역은 색이 검고 윤기가 나며, 너무 얇거나 갈라지지 않은 것을 골라요. 갓 채취한 생미역은 맑은 녹색빛으로 손으로 살짝 눌렀을 때 미끌미끌하면서도 쫄깃한 느낌이 나는지 확인해 보세요. 줄기도 너무 굵지 않고 얇은 걸 골라요.

미역줄기팽이버섯볶음

겨울바다의 영양을 머금은 미역줄기와 부드러운 팽이버섯으로 만든 볶음요리예요. 짭조름한 미역줄기와 고소한 들기름이 만나 밥반찬으로도, 비빔밥 재료로도 활용하기 좋죠. 미역과 팽이버섯 모두 칼로리가 매우 낮아서 다이어트 요리로도 권해요.

재료

염장 미역줄기 150g
팽이버섯 1팩
양파 1/2개
다진 파 2큰술
다진 마늘 1작은술
국간장과 들기름 1큰술씩
소금과 후춧가루 약간씩
참깨 약간

1. 염장 미역줄기는 물에 여러 번 충분히 헹궈 염분을 제거한 후 물기를 꼭 짠다. 팽이버섯은 밑동을 제거한 후 가닥가닥 찢는다.
2. 양파를 채썰어 들기름을 두른 팬에 다진 파, 다진 마늘과 함께 넣고 약불에서 볶는다.
3. 미역줄기와 팽이버섯을 넣고 중불에서 함께 볶는다. 팽이버섯의 식감이 사라지지 않도록 숨이 죽을 정도로만 볶는다.
4. 국간장을 넣어 간을 맞추고 소금과 후춧가루로 부족한 간을 채운다.
5. 불을 끄고 참깨를 뿌려 마무리한다.

TIP 미역줄기는 보통 염장 상태로 판매되는데 너무 뻣뻣하지 않고 색이 선명하며, 잡내가 없는 것이 좋습니다. 염장 미역줄기는 씻어서 데친 뒤 냉동보관합니다. 사용 전에는 충분히 불렸다가 소금기를 제거해야 해요.

겨울

겨울

우리집 크리스마스는 단팥죽

크리스마스가 가까워 오면 단팥죽을 끓인다. 긴긴 밤 붉은 팥을 고르고, 삶고, 새알을 빚는 손길까지… 이 맘때 식구들이 모두 기다리는 맛이다. 정성스런 단팥죽 한 그릇에 담긴 고요한 마음이 겨울밤을 천천히 데운다.

247

차갑고 단단한 땅이 키운
시원한 단맛

  우리가 살고 있는 이곳은 사방이 무밭이다. 가을이
깊어질수록 무는 땅속에서 더욱 단단해지고 겨울이 오면
단맛을 품고 올라온다. 크기나 모양은 제각각이지만, 겨울
무의 맛은 그 어떤 채소보다 깊고 시원하다. 그래서인지
겨울 밥상에서 무가 빠지는 일이 좀처럼 없다.
  겨울 무는 달고 아삭하며 국물 요리에 넣으면 깊은
감칠맛을 내준다. 국을 끓일 때 큼직하게 썰어 넣으면 무
자체에서 우러난 단맛이 국물에 녹아든다. 조림을 하면
속까지 양념이 배어들고, 채를 썰어 겉절이를 하면 아삭한
식감이 입맛을 돋운다. 날로 먹어도, 익혀 먹어도 맛있는
무는 겨울철 우리의 식탁을 든든하게 채워주는 고마운
존재.
  겨울철 기운이 쉽게 처질 때, 따뜻한 무국 한 그릇이면
속이 편안해지고 몸이 가벼워지는 느낌이 든다. 눈이
내리고 찬바람이 불어도, 따뜻한 국물 속에서, 달큰한 조림
속에서 우리는 무의 온기를 느낀다.
  소박하지만 깊고, 흔하지만 특별한 겨울 무의 매력을
날마다 맛보는 행복을 누리고 있다.

매운 대파무조림
표고버섯무솥밥
알배추와 무생채
무우엉포타주

무

겨울 무는 속이 단단하고 단맛이 강해 조림요리에 더욱 잘 어울려요. 몸속의 불필요한 열을 내려주고 소화를 도와주죠. 특히 겨울 무는 단맛이 강하고 위장을 보호하는 성질도 있어요. 반면 대파는 겨울철 대표적인 보양 식재료로 몸을 따뜻하게 하는 성질을 가져, 무와 환상의 조합을 이룹니다.

매운 대파무조림

겨울

재료

- 무 1/2개
- 대파 2대
- 물 1컵
- 다진 마늘 1큰술
- 고춧가루 3큰술
- 간장 2큰술
- 조청 1큰술
- 들기름 1작은술
- 쪽파 약간

1. 무는 도톰하게 반달 모양으로 썰고, 대파는 적당한 길이로 썬다. 무는 너무 얇게 썰면 조리는 동안 부서질 수 있으니 주의한다.
2. 냄비 바닥에 무를 깔고 대파를 올린 후 물 1컵을 붓는다.
3. 볼에 다진 마늘과 고춧가루, 간장, 조청을 섞어 양념장을 만든 후 ② 위에 얹는다.
4. 무가 양념을 머금고 부드러워질 때까지 약불에서 뚜껑을 닫고 조린다.
5. 국물이 자작해지면 불을 끄고 들기름을 두른다.
6. 그릇에 옮기고 쪽파를 송송 썰어 뿌려낸다.

표고버섯무솥밥

다시마 우린 물로 밥을 지어 깊은 감칠맛을 살리고 들기름으로 고소한 풍미를 더해줍니다. 양념장을 곁들이면 맛이 배가되어 더욱 맛있게 즐길 수 있어요. 표고버섯과 무, 다시마의 조화는 몸을 따뜻하게 보호하며 건강한 균형을 맞춰주는 완벽한 한끼. 자연이 주는 깊은 맛을 그대로 담아 건강한 솥밥을 즐겨보세요.

재료

밥짓기(불린 쌀과
다시마 우린 물 2컵씩)
무 1/4개
표고버섯 5개
간장과 들기름 1큰술씩
현미유 1큰술

양념장
다진 쪽파와 간장 2큰술씩
고춧가루와 참기름 1작은술씩
다진 마늘 1/2작은술
물 1큰술
통깨 약간

1. 무는 채썰고 표고버섯은 슬라이스한다.
2. 현미유를 두른 팬에 표고버섯과 무, 간장을 넣고 중약불로 볶다가 불을 끄고 들기름을 넣어 버무린다. 무는 오래 익힐수록 단맛이 우러나므로 충분히 익힌다.
3. 솥에 불린 쌀을 담고 ②의 표고버섯무볶음을 넣은 뒤 다시마 우린 물을 붓는다. 말린 표고버섯 우린 물을 함께 사용하면 감칠맛이 더 깊어진다.
4. 중약불에서 밥을 짓고 불을 끄고 뜸들인다.
5. 양념장을 만들어 솥밥에 곁들인다.

무를 구입할 때는…
껍질이 매끄럽고 상처 없이 단단하며, 꼭지 부분이 싱싱한 연두색을 띠어야 해요. 들어봤을 때 묵직하고 속이 꽉 찬 느낌이 드는 무가 수분이 많고 단맛이 깊어요. 바람든 듯 가볍거나 갈라진 무는 피하세요.

겨울

겨울 무 보관법
무는 신문지나 키친타월로 하나하나 감싼 후 서늘한 곳이나 김치냉장고 야채칸에 눕혀 보관하세요. 자른 무는 수분이 쉽게 빠지므로 단면을 밀봉하거나 물에 담가 냉장보관하면 더 오래 유지할 수 있어요.

알배추와 무생채 겨울

흔한 요리라고 생각하지만 겨울철 무생채만큼 맛있는 반찬도 없을 거예요. 아삭한 무생채를 부드러운 알배추에 싸 먹는 요리예요. 겨울철 단맛이 강한 무를 이용해 카나페처럼 담아보면 어떨까 생각하다가 만들었어요.

재료

무 1/2개
알배추 5~6장
송송 썬 쪽파 1큰술
소금 1작은술
통깨 약간

양념장
고춧가루와 국간장, 식초 각 1큰술씩
매실청 1큰술 또는 원당 1/2큰술
다진 마늘과 참기름 1작은술씩

1. 무는 채썰고 알배추는 깨끗이 씻어 물기를 제거한다. 쪽파는 송송 썰어 준비한다.
2. 채썬 무에 소금을 넣고 10분간 절인 뒤 물기를 꼭 짠다. 무를 너무 오래 절이면 질겨지기 쉽다.
3. 볼에 절인 무채와 양념장 재료를 모두 넣고 버무려 무생채를 만든다.
4. 접시에 알배추를 깔고 무생채를 올린다. 알배추를 살짝 찜기에 쪄서 사용하면 부드럽게 즐길 수 있다.
5. 쪽파와 통깨를 뿌려서 마무리한다.

무우엉포타주 ● 겨울

부드럽고 고소한 무우엉포타주는 겨울철 속을 따뜻하게 감싸주는 영양 가득한 수프예요. 무의 달큰함과 우엉의 깊은 풍미가 진한 맛을 내며, 들깨가루와 두유를 더해 고소함이 가득하죠. 연말에 자극적인 음식으로 위장에 무리가 있다면 부드럽고 따뜻한 무우엉포타주를 추천합니다. 몸과 마음을 보살필 시간이에요.

재료

무와 양파 1/2개씩
우엉 1/2개
두유 2컵
들깨가루 2큰술
올리브오일 1큰술
소금과 후춧가루 약간씩
타임과 올리브오일 약간씩

1. 무와 양파는 적당한 두께로 채썬다.
2. 우엉은 반 갈라 슬라이스해 변색이 방지되도록 찬물에 담가둔다.
3. 냄비에 올리브오일을 둘러 양파를 갈색이 될 때까지 중약불로 볶다가 무와 우엉을 넣고 볶는다.
4. 채소가 투명해지면 두유와 들깨가루를 넣고 약불에서 15~20분간 푹 끓인다.
5. 불에서 내려 핸드블렌더로 곱게 갈아 크리미한 질감으로 만든다.
6. 소금과 후춧가루로 간을 맞추고 그릇에 담아 타임과 올리브오일로 마무리한다.

겨울

겨울 보약 무, 부위별 조리법

윗부분 → 무청에 가까워 맛이 달고 수분이 많아 샐러드, 생채, 무즙처럼 생으로 먹기 좋아요.

중간부분 → 단맛과 매운맛이 고르기 때문에 국, 조림 등에 두루 사용하면 좋아요.

뿌리부분 → 맛이 맵고 강하고 질겨서 깊이 있고 시원한 맛이 우러나는 국물요리에 사용해요.

집에서 콤콤달큼새콤 살구향 톡톡

똑같은 온도와 습도에서 발효해도 상단이냐 하단이냐의 미세한 차이에 누룩의 맛과 향이 달라진다. 살아있는 균을 키워낸다는 것이 실로 어마어마한 일이라는 것을 발효를 거듭할수록 알아차리고 있다. 미묘한 변화를 세심하게 알아차리는 발효의 매력에 빠지고 말았다.

겨울

레몬김장하는 날

매해 제주 레몬이 나오는 철이면 바쁘게 움직이게 된다. 다행히 올해도 가까운 농장에서 유기농 레몬을 수매해 레몬소금을 만들 수 있었다. 한 해 만드는 페스토, 소스, 조미료의 양이 워낙 많기 때문에 이 계절이 지나가기 전에 레몬소금을 넉넉히 만들어 놓아야 마음이 편안해진다. 올 한해도 잘 부탁한다는 마음으로 명상하듯 레몬을 씻고, 자르고, 절이는 김장을 한다.

햇살과 바람이 건조한
시간의 기록

　겨울이 깊어질수록 자연은 더욱 적막해지지만 우리의 식탁에는 대지의 풍요로움이 깃든 건나물이 올라온다. 건나물은 가을의 햇살을 머금고 건조되어 겨울철 부족하기 쉬운 영양을 보충해준다. 신선한 채소를 구하기 어렵던 시절 건나물은 자연이 우리에게 준 지혜로운 선물이다.

　건나물은 단순한 보존식이 아니라 오랜 시간 자연과 인간의 조화 속에서 발전해 온 소중한 식문화에 가깝다. 나물을 말리는 과정에서 영양이 더욱 농축되고 섬유질과 무기질이 풍부해진다. 특히 칼슘과 철분이 풍부해 뼈 건강을 돕고 빈혈 예방에도 도움을 준다. 또한 장 건강을 돕는 식이섬유가 많아 겨울철 부족한 신진대사를 원활하게 해준다.

　겨울 저녁, 건나물로 만든 따뜻한 나물밥 한 그릇을 먹으면 몸과 마음이 포근해진다. 들기름에 살짝 볶아내도 좋고, 된장국에 넣어 구수하게 끓여도 훌륭한 한끼가 된다. 이렇게 자연이 주는 지혜를 담아 건나물을 즐기다보면 계절을 따라 살아가는 삶의 소중함을 다시금 깨닫는다.

건나물

채이장 [채소육개장]
고사리유부김밥
매콤 더덕구이를 올린 시래기솥밥
호박고지나물 두부카나페

채이장 채소육개장 · 겨울

채이장은 깊고 구수하며 칼칼한 맛이 매력적인 국물요리예요. 다양한 채소와 건나물을 활용해 자연의 풍미를 그대로 담아낼 수 있죠. 마늘과 얼큰한 고춧가루가 어우러져 깊은 감칠맛을 내고, 채수로 우려낸 국물은 몸을 따뜻하게 감싸줘요. 추운 날 뜨끈하고 칼칼하게 끓인 채이장을 맛보세요.

재료

삶은 고사리 1/2컵
무 1/4개
대파 1대
느타리버섯과 숙주 1컵씩
다진 마늘과 현미유 1큰술씩
고춧가루와 간장 1큰술씩
다시마 또는 표고버섯 우린 물 4컵
소금과 후춧가루 약간씩

겨울

1. 무는 얇게 슬라이스해 직사각형 모양으로 썰고, 대파는 3~4cm 길이로 썰어 반 갈라 2등분한다. 삶은 고사리는 대파 길이에 맞춰 자르고, 버섯도 손으로 길게 자른다.
2. 팬에 현미유를 두르고 다진 마늘을 넣고 중약불에서 볶아 향을 낸다.
3. 마늘향이 올라오면 고춧가루를 넣고 약불에서 타지 않게 빠르게 볶는다.
4. 무와 대파, 고사리, 숙주, 버섯을 넣고 함께 볶다가 다시마 우린 물을 붓고 중불로 올려 재료들이 충분히 익도록 끓인다.
5. 간장과 소금으로 간을 맞춘 후 불을 끄고 후춧가루를 뿌려 마무리한다.

건고사리 불리기 & 삶기

불리기 → 미지근한 물에 4~5시간 불려 물을 두세 번 갈아주면 이물질이 제거되어요.
삶기 → 끓는 물에 소금 약간을 넣고 10~15분 삶은 후 곧장 찬물에 헹궈 비린내를 제거해요. 고사리를 삶을 때는 창문을 열고 해야 비린내가 덜해요.

고사리유부김밥

겨울

봄철 채취 후 삶아 말린 산나물로, 겨울철에 국이나 나물반찬으로 많이 쓰이는 고사리는 섬유질과 철분이 풍부해요. 고사리의 쫄깃한 식감과 간장에 조린 유부를 넣어 색다른 맛의 김밥을 만들었습니다. 고사리를 싫어하는 분들도 꿀떡꿀떡 먹어요.

재료

밥 2공기
김밥 김 4장
삶은 고사리 1컵
사각유부 6장
단무지 4줄
다진 마늘 1작은술
간장과 참기름 1큰술씩
통깨 약간씩

1. 사각유부는 채썰어 팬에 간장과 참기름을 넣고 살짝 조려 준비한다. 시간이 길어지면 촉촉한 식감이 사라지니 빠르게 볶아 조린다.
2. 삶은 고사리는 물기를 꼭 짠 후 팬에 다진 마늘을 넣고 중약불에서 향이 살아나도록 가볍게 볶는다.
3. 김 위에 밥을 얇게 펼치고 유부볶음→고사리볶음→단무지를 올린다.
4. 돌돌 말아 김밥을 완성한 후 참기름을 바르고 통깨를 뿌린다.
5. 적당한 크기로 썰어 접시에 담아 완성한다.

겨울철 대표 건나물, 시래기

고르기 → 말린 상태에서 뻣뻣하지 않고, 물에 불렸을 때 조직이 살아 있는 것이 좋아요.

불리기 → 끓는 물에 삶아야 부드러워져요. 20~30분 정도 삶은 후 찬물에 담가 이물질과 씁쓸한 맛을 제거하고, 손으로 부드럽게 짜서 사용합니다.

매콤 더덕구이를 올린 시래기솥밥

겨울

겨울이 오면 강원도 양구에서 재배해 말린 시래기의 판매 일정부터 확인해요. 고산 분지에서 얼었다 녹았다를 반복해가며 자연 건조시켜 맛이 좋죠. 시래기의 맛이 좋을 때 뿌리채소와 곁들여 먹는 겨울맛 가득한 솥밥입니다. 향긋한 더덕과 부드러운 시래기가 밥과 어우러져 한입 가득 겨울의 따뜻함을 느낄 수 있어요.

재료

밥짓기(불린 쌀과 물 2컵씩)
불린 시래기 1컵
다진 마늘 1작은술
간장 1큰술
참기름 1작은술

매콤 더덕구이
더덕 4뿌리
고추장과 간장 1큰술씩
고춧가루와 조청 1작은술씩
현미유 1큰술

1. 불린 시래기의 물기를 꼭 짜서 먹기 좋은 크기로 자른 뒤 팬에 다진 마늘, 간장 1큰술, 참기름을 넣고 구수한 맛이 살도록 가볍게 볶는다.
2. 솥에 불린 쌀과 볶은 시래기를 넣고 물 2컵을 부어 중약불에서 김이 날 때까지 끓인다. 끓어오르면 약불로 줄여 5분간 뜸 들인다.
3. 준비한 매콤 더덕구이를 솥밥 위에 얹어서 낸다.

매콤 더덕구이 만들기

1. 더덕은 깨끗이 씻고 껍질을 벗긴 뒤 양념이 잘 배도록 방망이로 살짝 두드려 납작하게 편다.
2. 고추장, 간장, 고춧가루, 조청을 섞어 양념장을 만들어 더덕에 골고루 바른다.
3. 팬에 현미유를 두르고 약불에서 양념한 더덕을 앞뒤 노릇하게 타지 않게 굽는다.

호박고지나물 두부카나페

여름에 수확한 애호박이나 주키니 호박을 채썰어 말린 호박고지는 자극적인 요리가 부담스러운 겨울철에 요긴한 식재료예요. 바삭하게 구운 두부 위에 호박고지나물을 올려 단백질 가득한 카나페를 만들었습니다. 들깨가루와 들기름을 넣어 고소함이 더하죠. 연말 저녁반찬으로 선보였는데 그 어떤 요리보다 주목받았던 메뉴예요.

재료

호박고지 1컵
두부 1모
다진 파 1큰술
다진 마늘 1작은술
간장과 들깨가루 1큰술씩
들기름과 현미유 1큰술씩
레드페퍼 조금 ○ 선택

1. 호박고지는 물에 불린 후 물기를 꼭 짜서 준비한다. 두부는 한입크기로 썰어둔다.
2. 팬에 들기름을 두르고 다진 파와 다진 마늘을 넣고 볶는다.
3. 불린 호박고지와 간장, 들깨가루를 넣고 약불에서 가볍게 볶아 호박고지나물을 완성한다.
4. 현미유를 두른 팬에 한입크기로 썬 두부를 올려 중불에서 천천히 앞뒤 노릇하게 굽는다.
5. 구운 두부 위에 호박고지나물을 올리고 레드페퍼로 장식한다.

호박고지 고르기 & 불리기
고르기 → 너무 딱딱하고 색이 어두운 것은 품질이 떨어지거나 오래된 것일 수 있으니 피하는 게 좋아요.
불리기 → 찬물에 1시간 정도 두었다가 가볍게 주물러 씻은 후 소금물에 10분 정도 담가두면 단맛과 식감이 살아나요. 물기를 꼭 짜서 요리에 써요.

겨울

시간을 켜켜이 쌓아
만드는 요리

　느린 주방에서는 된장, 간장, 누룩소금, 매실절임 등
땅에서 자란 재료에 시간을 더해 만든 천연 조미료를
사용해요. 화학조미료 없이도 충분히 깊고 단단한 맛을
낼 수 있다는 것을, 발효는 언제나 증명해주니까요.
　절이고 재우고 기다리는 그 시간 동안, 재료는 더
복합적이고 본질적인 맛을 품게 돼요. 흙과 미생물,
사람의 몸까지 이어지는 생태를 지키기 위해서
몇 계절을 앞서 준비한답니다.
　내가 먹는 것이 곧 나를 만든다는 마음을 가지고
오늘도 정성스럽게 요리를 해요. 고요한 마음으로
요리하는 과정이 나와 나를 둘러싼 모든 것들을 위한
것임을 잊지 않아요.

채소생활자의 주방

비건 버터

VEGAN BUTTER

부드럽고 자연스러운 단맛의 캐슈너트는 비건 버터에 가장 잘 어울리는 견과류에요. 코코넛오일이 버터를 단단하게 굳히고 보존하는 역할을 하죠. 소금과 레몬즙의 산미가 들어가야 버터 같은 감칠맛과 균형이 살아나요.

재료

약 150g 분량
냉장보관 5일 • 냉동보관 2개월

캐슈너트 1/2컵
녹은 코코넛오일 1/4컵
무가당 두유 또는 귀리우유 2큰술
레몬즙 또는 사과식초 1작은술
영양 효모 1작은술 • 선택
소금 1/4작은술

1. 캐슈너트는 뜨거운 물 1시간(찬물은 3시간 이상)에서 충분히 불렸다가 물기를 제거한다.
2. 블렌더에 물기를 뺀 캐슈너트와 두유, 레몬즙, 소금을 넣고 곱게 간다.
3. 완전히 부드럽게 갈리면 말랑한 상태거나 약간 녹은 코코넛오일을 넣고 섞는다. 고소함을 위해 영양 효모를 넣는다면 함께 갈아준다.
4. 완성한 버터는 소독한 유리용기에 담아 냉장고에 두고 사용한다.

비건 마요네즈

VEGAN MAYO

달걀 없이 오일과 두유, 산미, 약간의 단맛과 소금만으로 부드럽고 촉촉한 마요네즈가 금세 만들어져요. 두유에 들어 있는 단백질이 레몬즙이나 식초 같은 산성과 만나면서 기름과 물이 분리되지 않도록 잡아줍니다.

재료

약 180ml 분량 | 냉장보관 5~7일

무가당 두유 1/4컵
식물성 기름 1/2컵
레몬즙 1큰술
디종 머스터드 1작은술
메이플시럽 또는 아가베시럽
1작은술 • 선택
소금과 후춧가루 한 꼬집씩

1 블렌더에 두유, 레몬즙, 디종 머스터드, 메이플시럽, 소금, 후춧가루를 넣고 부드럽게 섞는다.

2 식물성 기름을 조금씩 부으며 계속 갈아준다. 기름은 non-gmo 오일을 사용한다.

3 마요네즈처럼 걸쭉해지면 완성이다.

비건 굴소스
OYSTER SAUCE

전통 굴소스의 짭짤하고 달큰하면서 깊은 감칠맛은 굴에서 나오죠. 비건 굴소스는 건표고버섯과 간장, 단맛, 그리고 점도로 그 맛을 재현해요. 특히 표고버섯의 핵산류(구아닐산)는 강력한 감칠맛을 내준답니다.

재료

약 200ml 분량 | 냉장보관 5~7일

건표고버섯 4~5개
표고버섯 불린 물 1컵
양조간장 또는 저염간장 3큰술
메이플시럽 1.5큰술
전분물(전분과 물 1작은술씩)
참기름 또는 볶은 들기름 약간씩

1. 말린 표고버섯을 미지근한 물에 1시간 이상 충분히 불렸다 꺼내 잘게 다진다.
2. 냄비에 ①의 불린 물 1컵과 다진 표고버섯, 간장, 메이플시럽을 넣고 중약불에서 10분간 끓인다. 불이 너무 강하면 향이 날아가니 끓기 시작하면 약불로 줄인다. 반으로 줄면 고운체에 표고버섯만 걸러낸다.
3. 전분물을 넣어가며 점도를 맞춘다. 식으면 되직해지므로 시판 굴소스보다 약간 묽게 잡는다.
4. 불을 끄기 직전에 참기름 한 방울을 넣으면 감칠맛이 살아나고 윤기가 난다.
5. 한 김 식혀 소독한 유리병에 담아 냉장보관한다.

불향 가득 비건 쯔유
BURNT AROMATIC VEGAN TSUYU

양파와 생강, 대파 등을 센 불에 구운 뒤 우려내 마치 장작불에 그을린 듯한 은은한 훈연 향과 채소 본연의 달큰함이 살아 있는 간장소스입니다. 국물요리는 물론 볶음 요리나 덮밥 소스로 활용하면 고기 없이도 고소하고 강렬한 여운을 남겨줘요.

재료

약 250ml 분량 | 냉장보관 1개월

다시마 5×5cm 1장
건표고버섯 2~3개
양파 1/2개
대파 흰부분 1대
생강 2~3쪽
양조간장과 물 1컵씩
맛술 또는 미림 3큰술
메이플시럽 1큰술

1. 양파와 대파, 생강은 껍질째 반 잘라 직화(가스불)나 토치, 무쇠팬에서 겉면이 까맣게 될 정도로 태운다. 겉은 그을리되 속은 익히지 않아야 진한 향이 우러난다.

2. 냄비에 물 1컵, 다시마, 건표고버섯, 태운 채소들을 넣고 약불에서 10분간 은근하게 우린다.

3. 다시마는 10분 후 건지고 나머지는 그대로 둔 채로 간장, 맛술, 메이플시럽을 넣고 약불에서 5~10분 더 졸인다. 반드시 약불을 유지한다.

4. 모든 재료를 고운체로 걸러 맑은 간장만 식혔다가 소독한 병에 담아 냉장보관한다.

미소된장

MILEY BEAN PASTE

쌀누룩과 삶은 콩을 천천히 발효시켜 만드는 일본식 된장입니다. 소금 함량 낮고 단맛이 돌며, 색이 연해 백미소 또는 시로미소로도 불리지요. 최소 3~6개월, 깊은 맛을 원한다면 1년 이상 숙성해서 즐깁니다.

재료

약 2~3kg 분량 | 냉장보관 1년

삶은 백태 1kg
쌀누룩(코지) 500g
천일염 400g

- 숙성기간을 6~12개월 이상 늘리면 소금 함량이 높고 맛이 깊고 짠, 진한 갈색의 적된장(아카미소)이 완성됩니다.

1. 백태(건콩)를 하룻밤 불린 뒤 푹 익을 때까지 삶는다. 손으로 눌렀을 때 쉽게 으깨지면 물기를 뺀 뒤 따뜻할 때 절구나 믹서로 으깬다.

2. 준비해둔 쌀누룩에 천일염 280g만 섞은 뒤 삶아 으깬 백태를 섞어 된장을 만든다.

3. 된장 덩어리를 주먹크기로 뭉쳐 꾹 눌러 공기를 뺀 뒤 소독한 항아리나 유리병에 꾹꾹 눌러 담는다. 기포가 없어야 부패되지 않는다.

4. 윗면을 평평하게 다진 후 곰팡이 방지용으로 남은 천일염 120g을 뿌리고 소독한 천으로 덮는다.

5. 누름돌을 올려 서늘한 곳에서 숙성시킨다. 3개월 후 곰팡이가 피면 제거 후 소금을 덧뿌린다.

매실청

MAESIL CHEONG

청매실이 단단히 여물기 시작하는 5월 말에서 6월 초는 매실청을 담그기에 좋은 시기입니다. 신맛과 풋내가 적고 과육이 단단해 발효시 잡내 없이 맑고 깊은 맛이 우러나죠. 100일 이상 숙성하면 감칠맛과 단맛을 살리는 천연 조미료가 됩니다.

재료

약 700~800ml 분량 | 냉장보관 1년

청매실 1kg
비정제 원당 1kg

• 숙성기간이 1년 이상 되면 매실청의 색이 짙어지고 신맛이 부드러워집니다. 풍미도 훨씬 깊어져요.

1. 매실은 꼭지를 이쑤시개로 제거하고 흐르는 물에 깨끗이 씻는다. 매실의 쓴맛이 싫다면 반 갈라 씨를 제거한다. 발효 중에 곰팡이가 피지 않도록 깨끗한 천이나 키친타월로 물기를 완전히 말린다.

2. 소독한 유리병에 매실과 설탕을 번갈아 층층이 담는다. 마지막에 설탕을 넉넉히 덮어줘야 곰팡이가 피는 걸 방지한다.

3. 서늘한 실온(20~25도)에서 약 3개월간 숙성한다. 중간에 설탕이 잘 녹도록 병을 살살 흔든다. 100일이 지나면 매실을 건져내고 원액만 유리병에 담아 냉장 또는 서늘한 곳에 보관한다.

즐겨쓰는 향신료
SPICE

채소 요리에서 향신료 가루는 큰 역할을 하죠. 한 접시 안에 세계의 기후와 토양이 담긴 맛을 더할 수 있으니까요. 같은 채소라도 어떤 향신료와 만나는가에 따라 전혀 다른 나라의 음식처럼 느껴집니다. 자주 사용하는 향신료 7가지를 소개합니다.

고소하고 따뜻한 스모키향
큐민가루 Cumin Powder ──── 음식에 고기가 없어도 고기를 넣은 것 같은 맛을 내는 큐민은 사용 전에 기름에 먼저 살짝 볶으면 향이 배가 돼요. 인도, 중동, 멕시코 요리에 빠지지 않으며, 콩요리, 채소커리, 렌틸콩수프에 아주 잘 어울립니다.

맵지 않고 달큰한 향
파프리카가루 Paprika Powder ──── 요리에 따뜻한 붉은색과 은은한 단맛을 더해줍니다. 색이 예쁘게 나서 볶음이나 조림, 소스에 자주 쓰여요. 훈연 파프리카(Smoked Paprika)는 더 깊은 풍미를 주며 파스타소스, 감자요리, 볶은 채소에 넣으면 훌륭해요.

따뜻한 향신료 향
커리파우더 Curry Powder ──── 큐민, 강황, 고수, 페넬 등 혼합된 향이에요. 딱 한 스푼으로 다채로운 풍미와 이국적인 느낌을 주죠. 카레뿐 아니라 볶음요리, 조림요리에 한 꼬집 넣으면 전혀 다른 깊은 맛이 나요. 카레가루보다 더 복합적인 향을 지녔어요.

매콤하고 따뜻한 고추향
칠리파우더 Chili Powderr ──── 요리에 열감과 개운함을 부여하는 향신료예요. 매운맛뿐 아니라 고소하고 중후한 향도 있어 타코, 렌틸콩 칠리, 볶음 요리에 풍미를 더해요. 종류에 따라 매운 정도가 다르니 소량부터 시작하세요.

흙내음과 쌉싸름함, 은근한 생강향
강황가루 Turmeric Powderr ──── 색감뿐 아니라 항염, 소화기능 강화로 유명한 향신료예요. 너무 많이 넣으면 쓴맛이 돌기 때문에 소량만 사용합니다. 죽, 밥, 수프, 반죽류에 노란색을 입힐 때 넣어요. 기름과 함께 가열해야 흡수가 잘 돼요

복합적인 인도 향신료의 향
가람마살라 Garam Masalar ──── 주로 요리 끝에 넣어 향을 유지합니다. 따뜻하고 달콤하며 깊은 향의 향신료로 렌틸콩커리, 병아리콩스튜, 구운 채소에 한 꼬집 넣어 풍미를 입히는 천연 향료 역할을 해요.

상큼하면서도 따뜻한 풀향기
코리앤더파우더 Coriander Powder ──── 레몬처럼 요리의 무게감을 줄이고 밸런스를 잡아줍니다. 큐민과 함께 쓰면 최고의 궁합을 내죠. 감자요리, 토마토소스 등에서 즐겨 쓰며, 열에 약하므로 너무 오래 익히기보다는 마지막에 넣는 걸 권해요.

있는 그대로, 지금 이대로

채소생활자

2025년 8월 12일 초판 1쇄 발행

요리와 글, 사진   김아영
레시피 사진   임의준, 이래영
기획/편집   문영애
디자인   김아름 @piknic_a
교정/교열   송연정
인쇄/출력   도담프린팅
펴낸곳   수작걸다
주소   경기 용인시 수지구 동천로64
이메일   suzakbook@naver.com
인스타그램   @suzakbook

ISBN 978-89-6993-046-0 13590

- 이 책은 저작권법에 따라 보호받는 저작물이므로 무단 전재와 무단 복제를 금지하며,
  이 책 내용의 전부 또는 일부를 이용하려면 반드시 저작권자와 수작걸다의 서면 동의를 받아야 합니다.
- 제본에 이상이 있는 책은 바꾸어 드립니다.